KB265134

공공의 적

公共 一 敵

공공의 적

公共 -敵 적

초판 1쇄 발행 2015년 6월 1일

지 은 이 남오연
발 행 인 권선복
편집주간 김정웅
편   집 권보송
디 자 인 김소영
전 자 책 신미경
마 케 팅 정희철
발 행 처 도서출판 행복에너지
출판등록 제315-2011-000035호
주   소 (157-010) 서울특별시 강서구 화곡로 232
전   화 0505-613-6133
팩   스 0303-0799-1560
홈페이지 www.happybook.or.kr
이 메 일 ksbdata@daum.net

값 9,000원

ISBN 979-11-5602-101-8   13300

도서출판 행복에너지는 독자 여러분의 아이디어와 원고 투고를 기다립니다. 책으로 만들기를 원하는 콘텐츠가 있으신 분은 이메일이나 홈페이지를 통해 간단한 기획서와 기획의도, 연락처 등을 보내주십시오. 행복에너지의 문은 언제나 활짝 열려 있습니다.

공공의 적

公共 - 敵

변호사의 사회적 가치를 창조하라

남오연 지음

도서
출판 행복에너지

변호사 **이경철**

　이 글을 쓴 남 변호사는 제가 너무나 사랑하는 제자요, 후배 법조인입니다. 제가 사법연수원 교수로 재직할 때 제자였던 남 변호사는 그때부터 강자만이 살아남는다는 경쟁논리보다는 우리 모두가 함께 살아가는 방식에 대해 늘 관심이 많았습니다. 아니나 다를까 그의 열정은 이 글에서 변호사뿐만 아니라 법률서비스 수요자도 함께 참여할 수 있는 이른바 '법률시장의 공유시스템'에 이어져 있습니다.

　그가 여기까지 오는 과정에서 겪어야 했던 수많은 고뇌의 시간을 저는 옆에서 계속 지켜봐 왔습니다. 남 변호사는 그 동안 꾸준한 도전정신으로 법률시장의 한파에 맞서 왔었고, 이제 공유시스템이라는 새로운 도전을 시도하려고 합니다. 법률시장에 변호사가 많이 배출되는 것은 변호사 업계에 결코 위기가 아니라 대한민국의 진정한 법치주의를 위한 새로운 기회라고 말했던 그는 결국 여기까지 왔습니다. 실로 대단한 용기가 아닐 수 없습니다. 법률시장의 위기 앞에서 남 변호사처럼 자성하고 동시에 모두를 위한 변화를 시도한다는 것은 남다르게 뜨거운 열정을 가슴을 품지 않으면 도저히 불가능할 것이기 때문입니다.

기회가 되면 판사로서 공직에서 얻은 실무경험을 남 변호사가 말하는 공유변호사분들께 전해 드리고 싶습니다. 남 변호사가 겪었던 고난의 시간을 후배 공유변호사분들께서 겪을 것을 생각하면 이는 그 아픔을 이해하고 공유하는 선배 법조인으로서 어찌 보면 당연한 처사라고 생각하기 때문입니다.

바쁜 일정에도 불구하고 이 글을 쓰느라 고생했을 남 변호사의 노력에 경의를 표하며, 공유변호사들이 전국에서 대한민국을 환히 빛나게 할 그날이 오기를 진심으로 기대하겠습니다.

2015. 4.

이경철_ 제25회 사법시험 합격, 군법무관, 서울지법 남부지원 판사, 서울민사지방법원 판사, 춘천지법 영월지원 판사, 수원지방법원 판사, 서울고등법원 판사, 대법원 재판연구관, 서울지방법원 판사, 춘천지법 속초지원장, 사법연수원 교수(형사재판실무, 부동산소송, 증권거래법연구), 서울남부지방법원 부장판사, 現 법무법인 대아 대표변호사

강영진

저자 남오연 변호사는 성균관대 국정관리대학원에서 두 학기 간 수업을 함께하며 알게 됐습니다. 그의 캐릭터는 여러 면에서 독특했습니다. 협상 수업에서 2단계 브레인스토밍 기법을 다뤘는데, 다음날 바로 법무법인 회의에 적용해 누구도 생각지 못했던 새로운 업무영역을 성공적으로 개척했습니다. 그의 창의적 추진력에 혀를 내두를 수밖에 없었습니다. 돈이 아닌 사람을 보고 일을 한다는 점도 그렇습니다. 이 책 내용에도 그런 남 변호사의 캐릭터가 고스란히 배어 있어 흥미 있게 읽을 수 있었습니다. 여기서 그는 두 가지 새로운 법률서비스 모델을 제시하고 있습니다.

첫째, 회원제 법률자문서비스입니다. 현재 대기업이나 공공기관만이 누리고 있는 고문변호사제도의 혜택을 중소기업이나 일반인들도 누릴 수 있도록 하려는 것입니다. 자동차 사이드 미러에 비친 사물처럼, 멀리 있는 것 같지만 실제론 우리 일상에 아주 가까이 있는 것이 법입니다. 법적인 문제로 고민될 때 언제든 큰 부담 없이 변호사에게 상담과 자문을 받을 수 있다면 정말 좋을 것입니다.

둘째, 공유변호사제도입니다. 한 사건을 여러 지역이나 분야의 변호사가 함께 맡아 의뢰인이나 변호사 모두의 편익이 증대되도록 하려는 것입니다. 지역이나 전문 분야를 달리하는 변호사들을 연결하는 인터넷 플랫폼도 이미 개발했다고 하니, 이는 공유경제, 공유도시 등 함께 사는 세상을 만들어가는 시대적 흐름에도 맞는 일입니다.

저자는 이러한 두 가지 새로운 법률비즈니스 모델을 결합해 함께 추진하고 있습니다. 저자가 강조하듯 21세기는 '초연결 시대'입니다. 본질적으로 보수적일 수밖에 없는 법조계에 그런 새로운 시대정신을 주입하는 실험을 이미 마치고, 참신하고 매력적인 법률서비스 모델을 제시하고 있다는 점에서 이 책이 갖는 의미는 더욱 크다고 할 수 있습니다. 변호사는 기본적 인권을 옹호하고 사회정의를 실현함을 사명으로 한다는 변호사법 제1조를 가슴에 새기고 일하는 뜻있는 변호사들이 많이 참여해 그런 상상이 현실로 바뀌는 멋진 일이 속히 이 땅에서 이뤄지기를 바랍니다.

2015. 4.

강영진_ 갈등해결학 박사. 성균관대 국정관리대학원 갈등해결연구센터장 · 겸임교수

주식회사 대홍전기 대표이사 **류수홍**

　봄기운이 피어날 무렵 남 변호사로부터 이 책의 서평을 부탁받았습니다. 법조인이 아니라 전기사업체를 운영하는 본인이 과연 법률시장에 대한 논의를 하고 있는 이 글에 대해 논할 자격이 있는지 의구심이 들었고, 그래서 처음에는 서평을 거부했었습니다. 하지만 기왕에 받은 원고니 한번 읽어나 보자 하는 마음으로 첫 페이지를 넘긴 것이 인연이 되어 이렇게 서평을 적게 되었습니다.

　이 글을 읽고 본인은 비법조인 중 한 사람으로서 남 변호사가 말하는 회원제법률서비스인 비즈윈클럽과 변호사들 간의 협력적 공급체계인 럭션에 대해 깊은 감명을 받았습니다. 그 이유는 남 변호사가 말하는 비즈윈클럽과 럭션의 지향점이 다름 아닌 대한민국 법치주의이기 때문입니다. 그리고 변호사가 특권의식을 버리고 서로 협력하면서 비즈윈클럽과 럭션을 통해 저가의 대국민 법률서비스를 제공하겠다는 것은 비법조인이 보기에 상상조차 할 수 없는 일이기도 했었습니다. 자본의 특성을 잘 이해하고 있는 사업가인 본인이 볼 때 남 변호사가 말하는 럭션은 매우 매력적입니다. 왜냐하면 거대한 해외 자본이 국내의 특정한 유통구조에 유입될 경우 일어나는 지각변동을 잘 알고 있기 때문입니다. 그런데 럭션이 안정화되면 대한민국의 법률시장을 해외 자본으로부터 지킬 수 있는 독특한 유통구조가 만들어지게 되는 셈인데, 이러한 측면은 사업가인 본인이 보기에 매력적이지 아닐 수 없습니다. 강한 애국심을 느끼지 않을 수 없었습니다.

본인은 이 글을 읽고 비즈윈클럽과 럭션을 이용하기에 이르렀고, 앞으로 지인들에게도 비즈윈클럽과 럭션을 소개하기로 결심했습니다. 비즈윈클럽과 럭션을 구상하느라 고생했을 남 변호사의 노력에 찬사를 보내며, 럭션의 공유변호사님들께서 서로 협력하여 커다란 빛을 내고 저 먼 곳까지 환히 비추어 주시기를 정중히 부탁드립니다.

2015. 3.

변호사법 제1조는 변호사는 기본적 인권을 옹호하고 사회
정의를 실현함을 사명으로 하고(제①항), 그 사명에 따라 성실
히 직무를 수행하고 사회질서 유지와 법률제도 개선에 노력
하여야 함을 규정하고 있다(제②항). 의사에게 있어 히포크라테
스 선서와 같은 것이다. 변호사법 제1조를 외우고 있는 사람
은 변호사 중에 과연 몇 명이나 될까? 필자는 신규변호사를
채용할 때 1차 서류심사에서 변호사법 제1조를 가슴에 새기
고 있는지에 대해서만 살펴본다. 그리고 2차 면접에서 반드시
하게 되는 첫 번째 질문은 변호사법 제1조를 말해 보라는 것
이다. 변호사의 사명을 정확히 알고 있는 자라면 어떤 일이든
지 함께할 수 있다고 믿기 때문이다. 안타깝게도 변호사의 사
명을 정확하게 외우고 있는 변호사는 매우 드물다. 변호사법
제1조를 물어볼 때 제대로 답하지 못하는 것은 신규변호사뿐
만이 아니다. 히포크라테스 선서를 실천하지 못하면 의사라고

할 수 없듯이 변호사법 제1조를 실천하지 않는다면 과연 변호사라고 할 수 있을까? 먹고살기 힘든데 변호사의 사명까지 생각할 여유가 없다고 변명할 수도 있다. 하지만 변호사법 제1조는 변명한다고 해서 피해 갈 수 있는 것이 아니다.

필자가 추측하기에 개업변호사 2만 명 시대가 되는 7년 후에는 새로운 변화를 시도하지 않는 한 법률시장은 완전히 붕괴될 것이라고 본다. 그렇다고 해서 이 책에서 쓸데없이 밥그릇 논쟁이나 하면서 시간을 보내고 싶지는 않다. 필자가 이 책에서 말하고 싶은 것은 경제의 패러다임이 하루가 다르게 변화하고 있는 현대사회의 흐름 속에서 변호사로서 그리고 인간으로서 가지는 이성의 공적 사용에 대한 자유의지를 발판 삼아 용기 있게 우리 스스로 법률시장을 변화시키자는 것이다. 즉, 법률서비스의 수요자와 공급자 모두의 '의식'을 변화시킴으로써 새로운 법률시장을 개척하는 것이다. 그래서 우리 스스로 새로운 일자리를 창출하고, 그 일자리에서 생계를 유지함과 동시에 법률가로서의 소신을 가지고 법치주의 완성에 기여하자는 것이다.

법조경력 10년에 불과한 필자가 법치주의를 운운하는 것에 대해 자기 주제파악도 못 하는 것으로 비난받을 수도 있다. 그래서 처음에는 필자가 이 책을 출판하는 것을 망설였다. 지금 여기서 이름을 밝힐 수는 없지만 필자의 친구가 없었다면 아마도 이 책은 세상에 나오지 못했을 것이다. 그 친구는 동료 변호사인데 필자와는 한때 서먹한 사이로 지내고 있었다. 그 이유는 필자의 로펌에서 대리했던 헌법소원 때문이었다. 그 헌법소원은 로스쿨을 졸업하고 변호사 시험에 합격한 로스쿨 변호사에게 수습기간 6개월 동안 법률사무소 개설 및 수임을 금지하고 있는 변호사법과 그 수습기간 동안 자신의 이름하에 단독으로 무료상담도 할 수 없는 것처럼 오해할 여지가 있는 법무부의 질의회신에 대한 것이었다. 실무수습 기간 중에는 로스쿨 변호사가 단독으로 상담도 못 한다고 하니 필자의 로펌에서 근무하는 로스쿨 변호사의 법률적 지위에 문제가 있다고 생각했기 때문이다. 변호사면 다 같은 변호사지 로스쿨과 사법시험을 구별하는 것도 필자로서는 이해가 안 되는 부분이기도 했다. 하지만 변호사로서 생계의 위협을 받게 된 이유가 로스쿨 변호사가 대량 배출되면서 야기된 문제라고 생각하고 있던 그 친구 입장에서는 필자가 사법시험 출신임에도 불구하고 마치 로스쿨 변호사를 편드는 것으로 이해했던 것이다. 평소에 필자와 마음을 터놓고 지내던 친구였지만, 생계의 문제 앞에서 예민해진 터에 필자가 로스쿨 변호사를 대리해서 헌법소원을 제기하고 있으니 서운했던 것이다. 그래서 필자가 이러한 헌법소원을 제기하게 된 배경과 변호사라면 출신에 상관없이 가급적이면 동일한 대우를 받고 함께 공존하는 방향을 모색해야 한다는 필자의 의견에 그 친구는 동의하지 않았다. 오히려 "그래, 너 잘났다."라는 식으로 서운한 마음을 노골적으로 드러내기까지 했다. 원래 인간은 이성과 감정이 복잡하게 얽혀 있기 때문에 감정이 엇나가면 이성적으로 생각하려 들지 않는다. 그래서 그 친구와는 서운한 사이로 변해 버렸다. 물론 필자도 서운하긴 했지만, 그 친구가 필자의 마음을 이해해 줄 것이라는 믿음으로 기다렸다.

안타깝게도 필자의 로펌에서 대리했던 헌법소원은 뜻대로 이루어지지 않았다. 이로 인해 필자의 마음은 너무 무거웠다. 합헌 결정이 났으니 오히려 로스쿨생과 로스쿨 변호사의 법적 지위가 기존과 동일하게 고착되는 역효과를 불러일으켰다는 죄책감에 고개를 들 수가 없었다. 법조경력 10년에 뭐 잘났다고 헌법소원까지 제기해서 이런 역효과를 만들었냐는 식의 야유와 조롱을 받게 된 셈이니 너무 미안했다. 그리고 필자를 지켜보던 사시 변호사의 쓴웃음도 만만치는 않았다. 그 무렵 필자는 그 친구에게 술집에서 이러한 마음의 고통을 호소했다. 비록 서먹해지긴 했지만 그래도 친구로서 옛정이 어디 가지는 않는다. 그는 필자의 친구다. 그 친구도 필자의 기다림 속에 많이 누그러졌는지, 그리고 필자의 속앓이가 힘들어 보였는지 오히려 필자를 위로해 주었다. 참 고마운 친구다. 그 친구는 필자를 위로하며 자신도 생각이 짧았다고 필자에게 사과했다. 그날 그 친구는 필자에게 새로운 제안을 했다. 틀려도 좋고, 인정받지 못해도 좋으니까 필자의 소신대로 세상을 향해 쏟아 내라는 것이다. 자신도 그동안 고민해 본 결과 변호사는 출신 이나 학력이 중요한 것이 아니라 변호사다워야만 변호사라는 생각을 하게 되었다는 것이다.

그 무렵 필자는 이 책의 출판 여부도 함께 고심하고 있었는 데 그날 그 친구에게 이 책의 줄거리를 설명하면서 솔직하게 고민을 털어놓았다. 그 친구의 대답은 간단했다. 해보자는 것 이다. 자신도 도울 것이니 필자가 소신을 가지고 해보라는 것 이다. 그 친구는 사법시험이 폐지되고 나면 대한민국 법치주 의의 미래는 결국 로스쿨이 짊어지게 될 것이고, 그 세상에서 우리의 자손들이 함께 살아가게 될 것이라는 필자의 의견에 철저히 공감해 주었다. 그리고 고맙게도 이 책의 감수까지 맡 아주었으니 친구는 역시 친구다. 이 자리를 빌려 그 친구에게 진심으로 감사의 마음을 전한다.

　필자 역시 사법시험에 합격한 변호사지만 로스쿨을 졸업했는지 아니면 사법시험에 합격했는지에 대해서는 전혀 관심이 없다. 오로지 변호사는 변호사법 제1조를 실천하는 변호사와 그렇지 않은 변호사로 나누어질 뿐이라고 생각한다. 하지만 현재 법률시장의 한파는 변호사법 제1조를 실천하는 변호사를 늘리기보다는 오히려 사법계의 불신과 맞물려 변호사를 더욱 궁지에 몰고 있다. 이러한 암울한 법조계의 자화상을 제대로 알지 못하고 사법시험을 준비하거나 혹은 변호사시험을 준비하고 있는 로스쿨생 등의 예비 법조인을 생각하면 가슴이 아프기만 하다.

　드라마나 영화, 소설에서 나오는 대부분의 변호사는 정의감과 화려한 언변을 갖추고 있고, 경제적으로도 여유가 있어 보인다. 하지만 드라마 등에서 법률시장의 일감 한파로 인해 취직도 못하고 생계에 시달리는 변호사의 모습을 찾기란 쉽지 않다. 그 이유는 아마도 변호사에 대한 사회적 기대치가 있기 때문일 것이다. 그리고 변호사 업계의 실상을 모르기 때문이기도 할 것이다. 생계에 허덕이는 변호사의 모습은 시청자가

보고 싶지 않은 우울한 스토리다. 영웅을 기다리는 시청자 입
장에서 찌질하고 궁핍한 모습에 감동받아 시청률을 올려줄 까
닭이 없다. 하지만 필자는 시청률과 상관없이 변호사로서 반
드시 해야만 하는 이야기를 이 책에서 하려고 한다. 변호사,
우리는 누구인가? 이제는 이 질문에 대답을 해야만 한다.

끝으로 이 책을 출판함에 있어 도움을 주신 분들께 감사의
말씀을 전하고 싶다. 변호사의 덕목과 행동하는 용기를 필자
의 가슴에 심어 주셨으며 필자를 너무나 사랑하시는 영원한
멘토 조성래 변호사님, 흔들리는 필자의 마음을 잡아 주시며
변호사의 본분을 잊지 않게끔 따끔한 충고를 아끼지 않으셨
던 김세환 스승님, 럭션을 실행함에 있어 필자에게 절실하게
필요했던 용기를 불어넣어 주신 前 사법연수원 지도교수님이
셨던 이경철 변호사님, 럭션의 구체화 과정에서 아낌없는 자
문을 해 주셨던 갈등해결학 박사 강영진 교수님, 비즈원클럽
과 럭션의 시뮬레이션 과정에서 기꺼이 고생해 주셨던 공유변
호사단 럭션의 발기인(김창환 변호사, 문형준 변호사, 한임정 변호사, 박진
우 변호사, 차현일 변호사, 송강 변호사, 이석환 세무사), 럭션 플랫폼을 갖
추는 데 있어 모든 것을 쏟아부어 주신 기인基人, 홍성욱 대표
이사, 사법연수원 입소를 앞두고 바쁜 외중에도 필자를 위해

자료 수집을 도와준 정인환 시보께 진심으로 감사드린다. 무엇보다 필자가 바쁘다는 핑계로 남편과 가장의 역할을 제대로 하지 못했음에도 불구하고 묵묵히 내조를 해 준 필자의 부인에게 미안함과 함께 고마움을 전한다.

지은이 淸 虎

참고문헌

참고문헌을 앞에서 소개하는 경우는 드물다. 하지만 필자가 이 책의 참고문헌을 굳이 앞에서 소개하는 이유가 있다. 그 이유는 『초연결시대, 공유경제와 사물인터넷의 미래』의 저자 차두원, 진영현 님께 고마움을 표시하기 위해서다. 이 책을 통해 필자는 수년 전부터 고민해 오던 회원제 법률 서비스와 공유변호사제도에 대한 이론적 도움을 받을 수 있었다. 필자가 단언하건데 위 책이야말로 공유사회, 공유경제, 초연결사회 등과 관련된 논의를 정리한 최근의 문헌들 중에서 단연 군계일학이 아닌가 한다. 만일 이 책이 없었다면 필자는 모든 외국 사례와 논문을 찾아 읽느라고 고생해야 했을 것이다. 이러한 수고를 들어준 위 책의 저자 두 분께 다시 한번 감사드린다. 조만간 직접 찾아뵙고 인사드릴 예정이다. 필자는 독자분들께서 위 책을 꼭 한번 읽으시길 권해 드린다. 많은 도움이 될 것임을 확신한다.

한편, 이 책을 내기 위해 필자에겐 많은 용기가 필요했다. 그 용기는 박세연 님께서 옮기신 세스 고딘의 『이카루스 이야기』를 통해서 얻을 수 있었다. 만일 그 책이 없었다면, 특히 「Ⅳ. 도하는 시작되었다」 편에서 적시하고 있는 도전의 용기는 불가능했을지도 모른다. 박세연 님의 세련된 번역문이 필자가 말하고자 하는 바와 일치하고 있었기에 새로운 도전을 향한 필자의 마음을 세밀하게 표현할 수 있었던 점에 대해 진심으로 감사드린다.

그리고 필자는 이 책을 집필함에 있어 임마누엘 칸트의 『계몽이란 무엇인가에 대한 답변(1784년)』, 제레미 리프킨의 『소유의 종말(The Age of Access, 이희재 옮김, 민음사)』, 『한계비용 제로사회(The Zero Marginal Cost Society, 안진환 옮김, 민음사)』, 세스 고딘의 『이카루스 이야기(The Icarus Deception, 박세연 옮김, 한국경제신문)』, 시오노 나나미의 『로마인 이야기(김석희 옮김, 한길사)』, 에드워드 기번의 『로마제국 쇠망사(이종인 편역, 책과함께)』, 미겔 데 세르반테스의 『돈키호테(박철 옮김, 시공사)』, 토마 피케티의 『21세기 자본(장경덕 외 옮김, 글항아리)』 등을 주로 참고하였고, 나머지는 대법원, 통계청 자료, 관련 뉴스기사 등을 인용하였다.

각주나 주석에서 참고문헌과 인용 자료들을 일일이 기재하는 것이 바람직하겠지만, 필자는 이 책에서 논문이 가지는 정교함보다는 독자분들의 가독성을 높이는 쪽을 선택하였다. 그래서 반드시 필요한 경우가 아니면 과감히 각주나 주석을 생략하였다. 다만, 이 책의 본문에서 참고문헌과 인용 자료들을 가급적이면 직접 제시하는 방법을 사용하였으니 이를 참고해 주시기를 바란다.

2015. 5. 7. 공유변호사단 럭션 창립총회에 참석하고 있는 내외 귀빈들(GS타워 25층)

공유변호사단 럭션의 정신을 대표하는
이사 조성래 변호사

공유변호사단 럭션의 중심을 설계한
이사 김창환 변호사

공유변호사단 럭션 창립총회 플래카드

창립총회 개회를 선언하고 있는
회장 남오연 변호사

럭션의 회계감사를 책임질
이석환 세무사

사회를 맡고 있는 공유변호사단 럭션 창립의 총괄 책임자 차현일 변호사

창립총회에서 럭션의 탄생 배경 및 준비과정을 보고하고 있는 송 강 변호사

창립총회에서 아동, 청소년, 가정 관련 법률문제를 담당하겠다고 발언하고 있는 럭션의 발기인 한임정 변호사

전남 화순에서 KTX를 타고 창립총회에 참석해 준 믿음직한 열혈 청년변호사 박인동

창립총회에서 특성화 분야인
민사, 개인회생업무를 보고하고 있는
럭션의 발기인 문형준 변호사

럭션의 발기인으로서
지적재산권을 전담하게 될
박진우 변호사

대한민국 최초로 변호사 간의 공유플랫폼 럭션을
설계하고 창립총회에서 그 경과를 설명하고 있는
주식회사 화로스 대표이사 홍성욱

2015. 5. 15. 와이에스장 특허법률사무소와 공유변호사단 럭션 사이에
지적재산권 관련 MOU를 체결하고 기념촬영한 사진
(왼쪽부터 럭션 회장 남오연 변호사, 송봉식 대표변리사)

● 목차

법률시장의 비극

변호사의 어두운 실상들……. 이제는 법률시장의 어두운 실상에 대해 변호사 스스로 질문을 던지고 답을 얻어야 할 때가 왔다. 필자는 법률시장의 밥그릇 논쟁을 하기 위해서 이러한 질문을 하는 것이 아니다. 필자는 그런 논쟁에 대해 전혀 관심이 없다. 그래서 묻는다. 변호사, 우리는 누구인가?

변호사 업계의
지각변동

'위기의 로스쿨, 月 200만 원도 못 버는 변호사 속출'

헤럴드경제 2015년 1월 11일자 인터넷 신문의 뉴스 제목이 눈길을 끈다. 그 내용을 보면 이렇다.

올해로 출범 7년째를 맞는 법학전문대학원(로스쿨)생들이 법조계 불황으로 추운 겨울을 보내고 있다. 사법연수원생과 비교해 대놓고 차별을 받는가 하면 기업의 계약직 직원으로 들어가는 경우도 상당수다. 상황이 이렇다 보니 로스쿨 학비로 3년간 1억 원 넘게 투자해 막상 졸업 후 로펌 취업에 성공해도 한 달 수입이 200만 원도 채 안 되는 변호사도 속출하고 있다. ……(중략)……로스쿨생을 가장 옥죄는 요인은 해마다 높아

지는 변호사시험 문턱이다. 11일 법조계에 따르면 지난 5일
부터 치러지고 있는 제4회 변호사시험의 응시자 대비 합격률
은 57~60% 수준에 머물 것으로 전망된다. 1회(87.15%)와 2회
(75.17%), 3회(67.62%)를 거치며 합격률이 급감하고 있다. ……
(중략)……취업 시장의 사정은 더 어렵다. 구직 희망자는 꾸
준히 늘어나고 있지만 법조계에 불어닥친 일감 한파로 개인
사무소부터 대형로펌까지 신규 변호사 채용 규모를 대폭 감
축하거나 아예 채용을 않는 경우가 허다하다. 공기업이나 대
기업의 법무팀 자리도 사실상 포화상태다. 때문에 일부 졸업
생들은 정규직을 포기하고 일반 계약직 직원으로 취업하는
'미생의 길'을 선택한 사례도 적지 않다. 지난해 익산시가 변
호사 자격을 갖춘 계장급 계약직 직원 1명을 공개모집한 결과
10명의 로스쿨 출신 변호사가 응시한 것은 이들의 힘겨운 취
업난을 보여준 단적인 예다. ……(중략)……실제로 '빅4' 로
펌(김앤장·광장·세종·태평양)의 경우 지난해 로스쿨 상위권 학생
을 중심으로 각각 20~25명 정도를 채용했고, 10대 로펌까지
포함하면 200명 정도의 로스쿨 출신이 로펌 취업에 성공했
다. 매년 1,800명 정도의 로스쿨 졸업생이 나오는 것을 감안하
면 대부분 졸업생들은 취업난의 당사자가 되는 셈이다. ……
(중략)……대한변호사협회 관계자는 "그나마 로펌에 들어간

경우에는 돈도 받고 변호사협회에서 의무연수도 받는 '호사'를 누리지만 로펌에 못 들어가면 연수 과정이 스트레스가 되는 경우가 많다."며 "아예 조그마한 로펌에 월 100만 원 인턴으로 들어가서 의무연수를 받는 학생도 있다."고 지적했다. ……(중략)……지방 소재 국립대 로스쿨에 재학 중인 양 모 ⑶ 씨는 "어렵게 로스쿨에 들어왔지만 미래에 대한 불안감은 여전히 크다."며 "그래도 열심히 하다 보면 언젠가 사회에서 인정받는 날이 올 거라 믿는다."라고 말했다.

현재 대한민국의 법률시장이 당면한 냉엄한 현실을 그대로 드러내고 있다. 필자 역시 변호사로서 씁쓸하다. 기사 내용에 언급되지는 않았지만 필자가 변호사로서 직접 느끼는 법률시장의 체감온도는 훨씬 매섭다. 기사 내용은 로스쿨에 한정되어 있지만 사법연수원 출신의 신규 변호사 역시 취업난을 겪고 있기는 마찬가지다. 신규 변호사의 취업 시장이 바늘구멍을 통과하는 것만큼 어렵다 보니 로스쿨 내에서도 소위 스카이 로스쿨을 졸업한 변호사와 그렇지 못한 변호사 사이에도 갈등이 있다고 한다. 사법연수원생은 사법연수원에서 좋은 성적을 받으려고 갖은 애를 써보지만 막상 원하는 직장에 취업하는 경우는 소수에 불과하다. 그리고 로스쿨 변호사, 사시 변호사 할 것 없이 여성 변호사인 경우 취업의 문은 더 좁아지고, 상대적으로 고령이거나 기혼자인 경우 사실상 취업의 문은 거의 닫혀 있다.

　이렇게 로스쿨 출신과 사법연수원 출신의 신규 변호사들이 겪는 취업난 속에 양 집단 사이의 갈등도 증폭되고 있다. 갈등의 이유는 다양하다. 사법시험에 합격하고 사법연수원에서 2년의 실무교육을 마친 사시 변호사들의 취업난은 3년의 로스쿨을 졸업하고 변호사시험에 합격해서 자격증을 취득한 로스쿨 변호사들 때문이라는 것이다. 그리고 사시 변호사들이 취업을 하더라도 보수가 상대적으로 많이 낮아진 것도 로스쿨 변호사들 때문이라는 것이다. 반면에 로스쿨 변호사들도 불만이다. 변호사 자격증을 취득한 것은 마찬가지니 취업에서 사시 변호사와 동등한 대우를 받아야 하는데 그렇지 못하고, 막상 취업하더라도 사시 변호사보다 실무능력 면에서 차이가 난다는 잘못된 고정관념 때문에 홀대를 하는 것은 불공평하다는 것이다. 이런 상황에서 일부 로펌들은 양 집단의 갈등을 이용해서 사시 변호사와 로스쿨 변호사의 월급을 모두 교묘하게 내려 버리는 경우도 있다. 로스쿨 변호사에겐 실무능력이 부족하다는 이유로 사시 변호사만큼 줄 수 없다는 것이다. 그리고 사시 변호사에겐 로스쿨 변호사와 차등을 둘 수 없으니 월급을 많이 줄 수 없다는 식이다. 일부 로펌에서 신규 변호사들의 월급을 여유 있게 주지 못하는 이유로 법률시장의 한파를 들고 있다. 일거리가 없으니 월급을 기대치에 맞게 줄 수 없다는 것이다. 그렇다면 신규 변호사에게 솔직하게 사정을 얘기하고 도와 달라고 할 일이지 그렇게 이간질해서 자존심을 뭉개 가며 월급을 깎아내릴 일은 아니지 않는가. 어른으로서 끌어안아 주지는 못할망정 참으로 고약한 짓이다. 머지않아 사법시험이 폐지되고 시간이 더 흐르면 결국 대한민국의 법치주의는 로스쿨 변호사의 몫이 되고, 우리의 자식들은 로스쿨 변호사의 도움 없이는 법률서비스의 사각지대에 놓일 수도 있다. 그렇다면 로스쿨 변호사가 변호사로서 그 역할을 훌륭히 해낼 수 있도록 도와주고, 격려해줘도 모자랄 판에 양 집단의 갈등을 이용하는 기존 변호사가 과연 어른으로서 자격이 있는지조차 의문이다. 필자가 분명히 말하지만 변호사의 본질은 출신, 학력, 성별, 나이에 있는 것이 아니라 변호사의 사명, 즉, 변호사법 제1조를 '실천'하는 것에 있다.

　특히, 변호사협회에 내는 등록비와 월 회비를 사시 변호사와 동일하게 부담하는 로스쿨 변호사 입장에서는 서운할 수밖에 없다. 필자 역시 사시 변호사지만 입장을 바꿔 놓고 보면 서운할 수밖에 없다. 그러다 보니 로스쿨 변호사로 이루어진 제2의 변호사협회를 설립하자는 움직임까지 보이고 있다고 한다. 그리고 사시 변호사 역시 그동안 고생했던 것을 놓고 보면 역시 서운할 만한 일이다. 최근에 필자가 들은 바에 따르면 '로퀴', '연변'이라는 말이 있다. 전자는 로스쿨 변호사를, 후자는 사시 변호사를 비하하는 말이다. 신규 변호사들 사이의 피해의식으로 인해 생겨난 비속어다. 무엇이라 표현할 수 없을 정도로 가슴이 아프다. 사정이 이렇다 보니 로스쿨 폐지론, 사법시험 존치론 등 그야말로 법률시장이 홍역을 앓고 있다.

전관 출신 변호사라고 해서 사정은 좀 나을 것 같지만 실제로 그렇지도 않다. 필자가 알고 있는 어떤 전관 출신 변호사는 직원들 월급 주기에도 빠듯하다. 전관 출신이라고 해서 소위 잘나가는 변호사는 몇 안 된다고 하소연한다. 다 옛말이라는 것이다. 그야말로 고위급 출신의 전관이 아니면 어디 가서 전관이라고 명함을 내밀기도 힘들다고 한다. 고위급 출신의 전관들도 법률시장 한파 때문에 개업보다는 대형 로펌에 취직해서 안정된 월급을 선호하는 분위기라고 한다. 전관 출신 변호사들도 사정이 이렇다면 전관이 아닌 변호사들은 말할 것도 없다. 한 달에 한 건도 수임하지 못하고 마이너스 대출로 직원들 임금을 주는 경우도 허다하다고 한다. 하물며 취업난 속에 '강제 개업'을 해야 하는 신규 변호사들 입장에서는 얼마나 더 암울하게 느껴질까?

변호사들이 안녕하지 못한 것은 그럼에도 불구하고 무담보 신용대출은 1억이 넘고, 주위 사람들이 자신에게 걸고 있는 기대도 크기 때문이다. 돈 좀 버는 직업군에 속하는 변호사니까 술값도 좀 더 내야 한다. 그렇지 않으면 조롱거리가 된다. 하다못해 축의금도 좀 더 내야 하는 것 아니냐는 사회의 기대가 변호사들을 무담보 신용대출의 채무자로 몰아가고 있다. 그래서 필자가 아는 변호사는 결혼식 청첩장이 무섭다고 한다. 신규 변호사 입장은 더 가혹하다. 그동안 학업에 들어간 돈도 부담스러운데 취업까지 만만치 않으니 먹고살랴, 가족과 사회의 기대에 부응하랴, 변호사에게 들이대는 도덕적 기준에 맞게 행동하랴, 기타 등등 그야말로 힘든 하루를 이어가고 있다고 한다. 물론, 모든 변호사가 이렇게 힘들다는 것은 아니다. 대형 로펌에 취직했거나 고위급 전관 출신 변호사, 그리고 개업 변호사들 중 일부는 일거리도 많고 월급도 많다. 하지만 그런 변호사는 소수다. 사정이 이렇다 보니 궁핍해진 변호사들은 변호사가 지켜야 할 품위를 훼손하면서까지 영업 활동을 하게 되고, 그 과정에서 의뢰인들과 꼴사나운 다툼이 벌어진다. 그리고 사건 브로커들은 수임 능력이 없는 변호사를 비웃기라도 하듯 활개친다. 변호사도 우선은 먹고 살아야 하니 돈 되는 일부터 찾아야 하고 '민주주의'니 '법치주의'니 '변호사 윤리'니 하는 문구들은 교과서에나 나오는 저 먼 나라의 얘기가 되어 버렸다. 그렇게 변호사에 대한 불신은 사회 전반에 걸쳐 형성되고 있다. 필자가 의뢰인과 상담하기 전에 이미 얼굴에 쓰여 있다. 이 변호사는 믿을 수 있는 사람인가.

변호사의 어두운 실상들……. 필자가 지금까지 말한 것 말고도 무수히 많다. 슬프다. 전국의 안녕하지 못한 변호사들은 법률시장의 지각변동 앞에서 새로운 모색을 해야 할 때가 아닐까? 필자 또한 예외일 수 없다. 이제는 법률시장의 어두운 실상에 대해 변호사 스스로 질문을 던지고 답을 얻어야 할 때가 왔다. 필자는 법률시장의 밥그릇 논쟁을 하기 위해서 이러한 질문을 하는 것이 아니다. 필자는 그런 논쟁에 대해 전혀 관심이 없다. 그래서 묻는다. 변호사, 우리는 누구인가?

안녕하지 못한
이웃들

소송은 가급적 피하는 게 상책이다. 오죽했으면 송사에 휘말리면 3대가 망한다는 말이 있겠는가. 변호사인 필자가 송사에 휘말린 사람들을 현장에서 볼 때 안타까운 일이 한두 번이 아니었다. 소송의 대상이 되는 CASE는 우연히 발생하는 것이 아니다. 대부분 소송에 들어가기 전에 당사자 사이에 원만한 합의를 할 수 있는 기회가 있다. 그런데 그러한 기회를 가지기 이전에 분쟁의 대상이 되는 법률관계를 아예 처음부터 만들지 않을 수 있거나, 혹은 분쟁의 범위를 줄일 수 있는 더 소중한 순간들이 있기 마련이다. 인신사고로 치면 골든타임golden time 에 해당된다. 소송의 대상이 되는 CASE로 번지기 이전에 법률관계에서 골든타임만 잘 넘겨도 송사에 휘말리는 일이 줄어든다. 그런데 우리의 이웃들은 골든타임을 흘려버리는 경우가 많다. 그리고 송사에 휘말린 채 비싼 수임료를 내고 세상을 원망한다. 필자는 이런 안타까운 경우를 많이 접해 왔다. 가슴 아픈 일이다.

　돈이 있는 사람들이야 분쟁이 될 만한 법률관계에 얽히기 전에 자문변호사로부터 도움을 받아 미리 철저한 준비를 하겠지만, 그렇지 못한 사람들은 골든타임을 그냥 흘려보낸 다음 유전무죄 무전유죄라며, 법이 잘못되었다고 신세를 한탄한다. 필자가 실제로 상담을 해 보면 이런 경우가 너무 많다. 법무사나 법률 직역에 근무하는 사람들로부터 자문을 구한 경우는 그나마 사정이 좀 낫다. 골든타임을 놓친 경우 소송이 벌어지면 2차 피해가 발생한다. 전관 출신 변호사나 대형 로펌을 찾지만 수임료가 비싸니 전전긍긍하다가 저렴한 변호사를 찾게 되고, 그 가운데 브로커가 활개를 치니 정신적인 스트레스는 물론이고 경제적인 부담도 몇 배로 늘어나게 되는 것이다. 상대방은 전관 출신 변호사나 대형 로펌을 대리인으로 선임했기 때문에 자신이 소송에서 진 것이라며 사법계를 욕하지만 결국엔 쓰디쓴 경험을 받아들여야만 하는 악순환을 거치게 되는 것이다. 특히, 형사사건의 경우에는 신체의 구속 여부가 달려 있기 때문에 이런 2차 피해로 인한 정신적 스트레스와 경제적인 부담은 경험해 보지 못한 사람은 상상할 수도 없을 것이다. 독자분들 중에 아직 송사에 휘말린 경험이 없는 분들은 이해하기 힘들 것이다. 나만 정직하고 솔직하면 아무런 문제가 없을 것이라고 생각하고 있을 수도 있다. 하지만 실상은 그렇지 않다. 세상에서 가장 위험한 것이 대책 없는 솔직함이다. 왜냐하면 그것을 이용하는 사람들이 있기 때문이다. 그 사람들이 변호사의 도움을 받아서 그 대책 없는 솔직함을 주도면밀하게 이용한다면 당신은 무슨 수로 이길 수 있겠는가?

여기서 대법원의 2013년 사법연감에 나온 제1심 민사본안사건 변호사 선임 건수를 보자.

표 1. 제1심 민사본안사건 변호사 선임 건수

구분 연도	합의				단독				소액			
	처리 건수	원고	피고	쌍방	처리 건수	원고	피고	쌍방	처리 건수	원고	피고	쌍방
2009	53,387	13,219 (24.8)	3,357 (3.6)	23,983 (44.9)	234,780	54,528 (23.2)	10,191 (4.3)	27,602 (11.8)	814,297	116,714 (14.3)	4,480 (0.6)	2,056 (0.3)
2010	51,897	12,767 (24.6)	3,330 (6.4)	23,515 (45.3)	245,074	65,923 (26.9)	10,806 (4.4)	27,780 (11.3)	692,897	139,693 (20.2)	4,799 (0.7)	2,150 (0.3)
2011	53,437	13,373 (25.0)	3,475 (6.5)	24,239 (45.4)	241,185	66,196 (27.4)	10,765 (4.5)	27,822 (11.5)	673,366	169,035 (25.1)	5,163 (0.8)	2,367 (0.4)
2012	54,475	14,628 (26.9)	3,408 (6.3)	24,071 (44.2)	243,570	59,705 (24.5)	11,165 (4.6)	28,111 (11.5)	722,142	132,235 (18.3)	5,688 (0.8)	2,735 (0.4)
2013	58,053	16,360 (28.2)	3,610 (6.2)	25,204 (43.4)	254,130	61,63 (24.3)	11,126 (4.4)	29,713 (11.7)	804,992	124,272 (15.4)	7,313 (0.9)	3,736 (0.5)

주:

1. 처리된 사건 중 변호사가 대리인으로 선임된 사건 수로 '원고'란에는 원고만이 대리인을 선임한 경우, '피고'란에는 피고만이 대리인을 선임한 경우, '쌍방'란에는 원고, 피고 모두 대리인을 선임한 경우(당사자 일방 또는 쌍방이 수인일 경우 그 중 어느 1인만이 대리인을 선임한 경우 포함)임.

2. ( ) 내 수는 선임비율임.

위 표에서 특히 주목해야 할 부분은 소액사건(소가가 2,000만 원 이하인 사건)이다. 80만 건의 소액 사건들 중에서 쌍방 모두 변호사를 대리인으로 선임한 비율이 0.5%밖에 안 된다는 사실이다. 법무부 통계자료에 의하면 2013년도 개업변호사는 14,242명, 공증사무소는 357곳인데, 이렇게 약 15,000명이 되기까지의 시계열 추이를 보자.

표 2. 변호사 공증사무소 현황 (단위: 명)

년도	2005	2006	2007	2008	2009	2010	2011	2012	2013
개업변호사	6,997	7,603	8,143	8,895	9,612	10,263	10,976	12,532	14,242
공증사무소	341	354	379	405	417	397	379	364	357

시계열 추이를 보면 2012년 이후에는 로스쿨 졸업생이 배

출되면서 로스쿨과 사법연수원이 공존하여 해마다 2,000명 이상의 신규 법조 인력이 배출되었다. 그런데 소액사건 중에서 대리인이 선임된 비율은 크게 변함이 없다. 그뿐만 아니라 합의사건과 단독사건의 경우에도 마찬가지다. 물론, 제1심 민사본안사건이 유형별로 늘어난 것도 감안해야겠지만 소액사건, 단독사건, 합의사건 할 것 없이 대리인이 선임된 비율이 50%를 넘는 케이스가 하나도 발견되지 않는다. 그렇다면 대부분의 국민들 특히, 경제적인 여유가 없는 분들은 골든타임은 고사하고 소송에서도 법률서비스의 사각지대에 놓여 있다는 얘기가 된다.

변호사 업계는 연간 배출되는 신규 변호사 숫자가 너무 많아서 먹고살기 힘들다고 아우성이다. 그런데 소송에서 대리인 선임비율은, 특히 소액사건의 경우는 이미 봤듯이 형편없다. 그래서 국민들은 변호사를 더 많이 배출해야 된다고 한다. 시계열 추이를 보면 해마다 2,000명의 신규 변호사가 배출되었지만 실제로 소송에서 도움을 받고 있는 비율은 크게 달라지지 않았다. 이래서 어떻게 우리의 이웃들이 안녕할 수 있겠는가? 이 모순을 어떻게 설명하고 받아들여야 하며, 법률서비스의 사각지대에 놓여 있는 그분들께 변호사들은 무엇이라고 변명해야 한단 말인가? 안타까운 일이고 필자 역시 법조인으로서 부끄러운 일이지만 유전무죄 무전유죄가 되는 경우를 자주 접해왔다. 전국의 변호사 중에 대한민국의 사법체계 그 어디에도 유전무죄 무전유죄가 결코 존재하지 않는다고 자신 있게 말할 수 있는 사람이 있을까? 이러한 모순은 신규로 배출되는 변호사 수의 문제로 해결될 수 있는 것인가? 변호사인 독자라면 자신의 아들과 딸이 이런 질문을 할 때 부끄럽지 않은 답을 해줄 수 있겠는가? 지금 현재 경제적 여유가 있는 사람이라면 법률 사각지대에 놓여 있지 않기 때문에 이런 질문들에 대해서 대수롭지 않게 여길 수도 있지만, 훗날 그 후손들이 사각지대에 놓여 있지 않을 것이라고 장담할 수 없는 일이다. 부자는 3대를 못 가기 때문이다. 지금 현재 우리의 이웃들, 그리고 먼 훗날의 소중한 우리의 자식들은 유전무죄 무전유죄의 감옥 속에서 안녕하지 못하다. 변호사는 이제는 질문에 답해야 한다. 변호사, 우리는 누구인가?

골리앗과
돈키호테

1) 안전지대와 안락지대

사람은 반드시 자기가 봐야만 하는 현실을 보기 위해서 노력하기보다는 자기가 보고 싶은 현실만 보기 위해서 노력한다는 말이 있다. 율리우스 카이사르의 명언이다. "변호사, 우리는 누구인가?"라는 질문에 답하기 위해서는 우선 변호사로서 지금 봐야만 하는 냉혹한 현실을 제대로 보려고 철저히 노력해야만 한다. 기존의 모든 고정관념을 버리고 정확하게 상황 파악을 하는 것이 첫걸음이다.

세스 고딘은 『이카루스 이야기The Icarus Deception』에서 '안전지대'와 '안락지대'를 말하고 있다. 안전지대safety zone는 간단한 예로 비즈니스가 우호적인 환경에서 순조롭게 굴러가는 영역을 말한다. 비즈니스뿐만 아니라 생활이나 조직에도 적용할 수 있는 개념이며 정치나 경제, 사회, 기술적인 요인 등 외부 환경에 영향을 받는다. 외부 환경이 변화하면 당연히 안전지대도 이동한다고 한다. 이에 비해 안락지대comfort zone는 당신이 내면적으로 편안하게 느끼는 영역을 말한다. 안락지대 안에 머물 때 당신은 기분이 느긋해지고 긴장감 없이 일하거나 생활할 수 있으며, 그 안에서는 실패의 두려움도 없다. 오랜 시간 동안 자신에게 익숙해진 영역이어서 습관적으로 행동하면 되기 때문이다.

그런데 시대가 바뀌면서 안전지대가 그에 맞게 옮겨 간다. 경제 판도가 뒤집히고 법칙이 바뀌면서 우리를 둘러싸고 있던 산업사회라는 울타리가 이제 허물어졌다는 것이다. 그런데 이를 감지하고 못하고 기존의 익숙한 그 안락지대 안에서 성공을 향해 나아가고자 수많은 회의에 참석하고, 다양한 책을 읽고, 여러 세미나에 참석하지만, 이미 이동한 안전지대를 향해 자신의 안락지대를 옮기지 못한다면 어떤 노력도 한계에 부딪힐 수밖에 없다는 것이다. 그래서 세스 고딘은 우리 인생을 안락지대와 안전지대를 조율해가는 과정이라고 말한다. 이를 그림으로 표현해서 이해를 돕고 싶다.

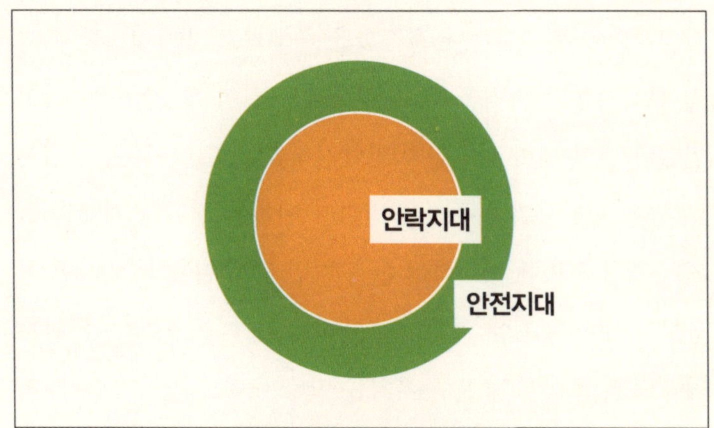

안전지대와 일치하는 안락지대

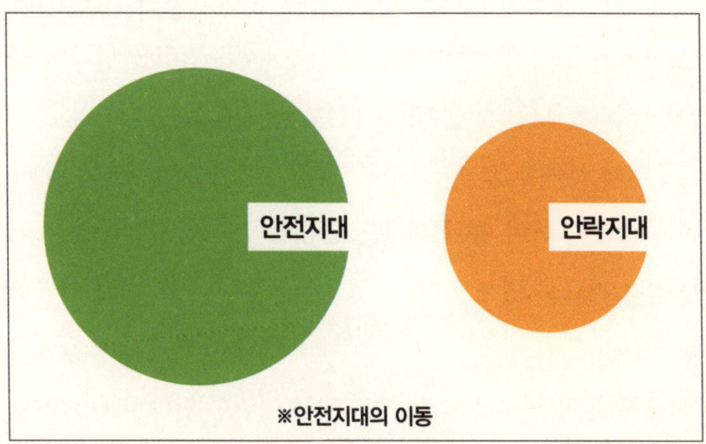

안전지대와 불일치하는 안락지대

먼저 법률시장의 안락지대부터 살펴보자. 열심히 공부해서 사법시험에 합격하거나 로스쿨을 졸업하고 변호사시험에 합격하면 사회적 존경을 받고 경제적 수입이 보장될 것이라고 믿었던 것이 예비 법조인의 안락지대였다. 그래서 판사, 검사로 임용되면 사회적 존경을 받다가 관록이 쌓이면 개업을 하거나 대형 로펌에 취직하여 돈을 벌면 되는 일이다. 아니면 처음부터 대형 로펌에 취직해서 넥타이 메고 폼 나게 일하면서 월급도 많이 받고 좋은 배우자를 만나는 것도 괜찮다. 이래저래 상사의 눈치를 살피기 싫으면 처음부터 변호사로 개업해서 돈을 버는 것도 괜찮은 선택지 중의 하나였다. 한마디로 인생역전이다. 뒷바라지해 준 가족들에게 생색도 낼 수 있는 달콤한 안락지대요, 안전지대였던 것이다. 처음 법전을 펼치며 공부를 시작할 때는 인권이나 사회정의, 그리고 민주주의와 법치주의에 기여하겠노라 포부를 다짐한다. 하지만 웅대했던 포부는 시간에 녹이 슬어 대부분 달콤한 안락지대를 찾아 자리를 잡는 쪽으로 변해 간다.

사법시험 합격자가 많지 않을 때는 이러한 안락지대가 실제로 안전지대였다. 그래서 사법시험에 합격하면 중매쟁이가 줄을 섰고 판사나 검사로 임관이라도 하게 되면 열쇠꾸러미를 가지고 오는 집안을 골라서 결혼했다고 한다. 하지만 서서히 사법시험 합격자가 늘어나면서 안전지대는 조금씩 이동하기 시작했다. 우선 사법시험에 합격하더라도 판사나 검사로 임관이 되거나 대형 로펌에 취직하는 경우가 아니면 변호사로서의 수입이 예전만은 못해진 것이다. 그래도 나름 소득이 나쁜 편은 아니었다. 하지만 시간이 흘러 전반적인 경기 침체와 더불어 변호사 수가 급증하면서 안전지대는 더욱 급격하게 이동하기 시작했다. 안전지대의 이동은 로스쿨 때문이라며 사시 변호사와 로스쿨 변호사는 집단적 갈등을 일으켰고, 판사나 검사로 재직 중인 필자의 친구들은 법률시장의 한파를 걱정하며 공직에서 나올 생각도 못하고 있다. 대형 로펌에서 불러주면 모를까 법조인으로서 품었던 예전의 패기는 사라진 지 오래인 것 같다. 대형 로펌에 취업한 필자의 친구들도 마찬가지다. 대형 로펌에서 근무 연수가 차면 거쳐야 하는 파트너 승급 심사에서 떨어지면 개업을 하거나 다른 직장을 구해야 하는데 법률시장의 사정이 여의치 않으니 스트레스가 이만저만이 아니다.

이렇게 법률시장의 안전지대는 완전히 이동해 버렸다. 공직과 대형 로펌으로 말이다. 상황이 이렇다 보니 신규 변호사는 대형 로펌에 들어가는 게 꿈이다. 들리는 얘기에 따르면 대형 로펌에 들어가지 못하면 혹독해진 법률시장에서 힘겹게 살아야만 하는 실패한 인생으로 생각하는 신규변호사도 있다고 한다. 자신이 기대했던 안락지대와 안전지대가 불일치하기 때문에 오는 불안감인 것이다. 물론 모든 법조인의 안락지대와 안전지대가 이렇다는 것은 아니다. 아직도 강직한 판사나 정의감 넘치는 검사도 있고, '민주사회를위한변호사모임' 같은 인권단체나 여러 뜻있는 시민단체에서 소신을 펼치는 변호사도 있다. 필자 역시 그분들을 존경한다. 그분들이 있기에 그나마 다행인 일이긴 하지만, 안전지대 이동은 엄연한 현실이다. 만약에 안전지대와 안락지대가 일치한다면 법률시장의 지각변동으로 인해 지금처럼 생계에 허덕이며 고생하는 변호사가 많지 않을 것이기 때문이다.

2) 공유지의 거인 골리앗

변호사로 개업해서 성공한 중소형 로펌이나 개인법률사무소도 있지만 소수에 불과하고, 그들조차도 법률시장에서 과연 얼마나 버틸지 불안해하기는 마찬가지라고 한다. 이미 법률시장의 안전지대는 공직과 대형 로펌으로 이동했다고 봐야 한다. 공직은 법조인으로서의 명예와 더불어 이제는 사건 수임에 고생하는 변호사보다 수익도 더 많다. 공직은 법률에 의해서 임기가 보장되니 안정적이다. 판사나 검사는 법률이 보장하는 공직자라는 점을 감안할 때 경제적 수익보다는 법률에서 정한 공직자로서의 의무를 다하는 것이 최우선이다. 따라서 경제적인 수익만으로 이해해서는 안 되는 안전지대다. 그래서 공직자가 그 의무를 다하도록 경제적인 안전지대를 법률로 보장해 주는 것은 당연하다. 세간에 판·검사를 조롱하는 말들이 많지만 그래도 아직까지는 판·검사들 중에 자신의 본분을 다하기 위해서 불철주야 노력하는 분들이 훨씬 많다고 필자는 확신한다.

또 다른 법률시장의 안전지대인 대형 로펌을 보자. 대형 로펌도 힘들다고 앓는 소리를 하지만 소속 변호사들에 지급하는 월급 수준을 고려하면 아직까지는 엄살이다. 대형 로펌은 고액 연봉을 지급하면서 변호사, 회계사, 세무사, 변리사 등의 전문가를 수백 명씩 고용하고 있다. 그뿐만 아니라 대형 로펌들은 입법부, 행정부, 사법부에서 퇴직한 고위급 관료들에게 수십억 원의 연봉을 지급하면서 스카우트 경쟁을 한다. 대형 로펌은 소위 잘나가는 사람들의 거대한 인적 조직인 것이다.

대형 로펌은 이러한 거대한 인적 조직을 활용하여 수사와 재판 과정에는 법원과 검찰에서 퇴직한 고위급 전관 변호사를, 그리고 입법과 행정 과정에는 해당 부서에서 퇴직한 고위급 관료를 전방위적으로 투입한다고 한다. 그리고 대형 로펌은 거대한 조직과 자본을 이용해 새로운 법률시장을 창출하며 고액의 수익을 올린다. 필자가 대형 로펌들의 전체 수익을 확인할 길은 없지만 이탈리아의 경제학자 빌프레도 파레토가 제시한 2대8 법칙[1]에 따라 추정하면 법률시장 전체에서 일어나는 매출의 대부분은 대형 로펌들의 것이라고 볼 수도 있다. 앞서 보았던 〈표 1. 제1심 민사본안사건 변호사 선임 건수〉 중에서 비싼 수임료를 받는 사건은 대부분 대형 로펌들의 것이라고 보면 될 것이다. 그리고 대형 로펌은 조직의 유지를 위해서 고위 공직자뿐만 아니라 사법연수원에서 연수중인 사법시험 합격자와 변호사시험을 아직 치르지 않은 스카이 출신의 로스쿨 학생들에게까지 스카우트 경쟁을 한다. 자본주의는 규모의 경제라는 그 성격상 필연적으로 독과점체제가 등장할 수밖에 없는데 자본주의 틀 안에서 움직이는 법률시장에서도 독과점체

---

1. 파레토 법칙(Pareto 法則). 전체 결과의 80%가 전체 원인의 20%에서 일어나는 현상을 가리킨다. 예를 들어, 20%의 고객이 백화점 전체 매출의 80%에 해당하는 만큼 쇼핑하는 현상을 설명할 때 이 용어를 사용한다.

제가 발생한 것이다. 대형 로펌은 규모의 경제를 이용하여 법률시장에서 높은 수익이 발생하는 분야를 대부분 흡수해 버렸고, 거대한 자본과 인맥으로 독과점체제를 더욱 공고히 하며 법률시장의 안전지대를 인위적으로 옮겨 버린 것이다. 대형 로펌은 이렇게 법률시장의 골리앗이 되어 버렸다. 골리앗은 거대한 흡입력으로 한곳에 흡수해 버린 법률시장의 안전지대를 이용하여 소신 있는 고위급 전관 변호사와 대한민국의 법치주의를 짊어질 유능한 젊은 인재들까지 흡수한다. 기존의 법률시장에서 골고루 흩어져 균형을 이루고 있던 안전지대를 모두 흡수해 버리는 것이다. 이런 현상은 앞으로도 더욱 가속화될 것이다. 자본은 한번 형성되면 생산 증가보다 더 빠르게 스스로를 재생산하는 속성이 있기 때문이다. 과거가 미래를 먹어치우는 것이다.[2] 마치 로마가 번성하는 과정에서 끝없이 전쟁을 할 수밖에 없었던 것처럼.

여기서 법률시장은 단순히 사적 재화가 거래되는 곳이 아니라 공유재의 성격이 있는 법률서비스가 거래되는 특성이 있다는 점을 주목해야 한다. 대법원도 변호사는 상인이 아니라고

<hr>

2. 토마 피케티의 『21세기 자본(장경덕 외 옮김, 글항아리)』 p.690

판결한 바 있다. 변호사법 제1조에서 변호사는 기본적 인권을 옹호하고 사회정의를 실현함을 사명으로 하기 때문이다. 법률시장은 이런 측면에서 분명히 공유지의 성격을 겸하고 있는 셈이다. 그래서 법률시장의 안전지대는 독과점체제가 형성되면 안되고 골고루 분산되어야 하며, 변호사법 제1조를 실현할 수 있도록 균형과 견제를 이룰 수 있는 곳이어야 마땅하다. 그러나 법률시장의 골리앗은 법률시장의 안전지대를 모두 흡수하여 변호사법 제1조가 애초에 추구했던 균형점을 이동시켜 버렸다. 그 결과 진정한 민주주의와 완전한 법치주의를 향해 달려가야만 하는 공유지로서 법률시장의 독특한 기능을 상실시켜 버리는 데 한몫한 것이다. 공유지로서 법률시장의 공공성을 유지하고, 판사, 검사, 변호사가 진정한 민주주의와 완전한 법치주의를 이루기 위해 반드시 필요한 법조삼륜의 조화를 골리앗이 깨버린 것이다. 고위급 출신 변호사는 공직자로서 가지는 소중한 경험을 살려 퇴직 후 대한민국 법률시장에서 소신껏 뜻하는 바를 이룰 수 있어야 한다. 그리고 신규 변호사는 초심을 유지하며 법치주의 완성에 기여할 수 있어야 한다. 그러나 골리앗은 법률시장의 안전지대를 규모의 경제로 이동시켜 버렸고, 이로 인해 법조삼륜의 핵심적 인물들이 결국에는 취업시장에서 골리앗의 눈치를 보게끔 만들어 버린 것이다. 그리고 골리앗은 자신에게 지갑을 열고 거액의 돈을 지불하는 가진 자의 이익을 위해 안전지대로 유인한 유능한 인재들에게 서슴지 않고 칼을 휘두를 것을 지시하고 있으니 더 문제가 아닐 수 없다. 더 많이 가진 자가 골리앗을 앞세워 '적법'이라는 칼을 손에 쥐고 자신의 주머니를 더 채우고 있는 것이다.

골리앗이 무너뜨린 균형점은 철저히 공유지의 비극[3]을 불러온다. 일반 국민들 마음속에 각인된 유전무죄 무전유죄라는 말을 생각하면 더 이상 설명할 필요도 없는 부분이다. 골리앗이 휘두르는 '적법'의 칼을 일반인이 상대하기엔 너무 버겁다. 물론, 이러한 공유지의 비극이 모두 대형 로펌의 책임에 있다고는 생각하지 않는다. 공유지의 희극은 결국 인간의 노력으로 만들어 내야 하는 것인데, 인간이 노력할 수 있는 기회를 상당 부분 흡수해 버린 점을 지적하고 싶은 것이다. 필자가 대형 로펌을 비난할 목적으로 이와 같이 적나라하게 서술하고 있는 것이 아니다. 대형 로펌에는 필자의 친구들도 있

---

3. 개릿 하딘(Garrett Hardin)이 말하는 공유지의 비극은 공유자원을 공유할 경우 나타나는 사회적 비효율의 결과를 말하는데, 이와 달리 이 책에서는 공공성을 지닌 법률시장의 암울한 현상을 지칭하는 뜻으로 사용하기로 한다.

다. 그래서 필자도 가슴 아프다. 하지만 "변호사, 우리는 누구인가?"라는 질문에 답하기 위한 첫걸음으로 현재의 법률시장을 냉정하게 분석하고자 최대한 있는 그대로를 나열하고 있는 것이다. 그럼에도 불구하고 실패한 변호사가 배 아파서 대형 로펌을 비난하고 있는 것이라고 필자를 욕해도 좋다. 그렇다 할지라도 봐야만 하는 현실을 보기 위해서 필자는 노력할 수밖에 없다. "변호사, 우리는 누구인가?"라는 질문에 대해 어떻게든 답을 하고 수많은 변호사들이 각자의 역할을 하며 살아가야 하기 때문이다. 원래 봐야만 하는 현실은 아프기 마련이다.

3) 슬픈 돈키호테

이번엔 공직과 대형 로펌이라는 법률시장의 안전지대에 입성하지 못한 개업 변호사를 보자. 일부는 중소형 로펌으로 성공했거나 또 일부는 법률사무소를 열어 성공한 것처럼 보인다. 하지만 그들의 속사정을 들여다보면 얘기가 달라진다. 들리는 소문에 의하면 법률시장이 전반적으로 수축되다 보니 대형 로펌에서 브로커까지 고용해서 기존에는 맡지 않았던 저가의 일반 사건까지 수임하고 있다면서 언제 골리앗이 안방까지

쳐들어올지 전전긍긍하고 있다고 한다. 이런 일부의 개업 변호사를 제외하면 나머지는 쑥대밭이다. 이렇게 벌어먹고 살기가 힘드니 브로커가 판을 친다. 브로커는 개업 변호사의 어려운 경제 상황을 이용한다. 물론 브로커도 먹고살기 위한 선택이겠지만, 여하튼 높은 수수료를 주는 변호사를 찾아 돌아다닌다. 이에 변호사로서는 브로커에게 주어야 할 수수료를 만회하기 위해 고객으로부터 더 높은 변호사 수임료를 요구하는 악순환이 벌어진다. 이런 악순환 속에 있으면 그나마 다행이다. 한 달에 한 건도 수임이 안 돼서 마이너스 대출로 살아가거나 그나마 그것도 다 떨어지면 파산신청을 하기도 한다.

더 고민해야 할 부분은 이렇게 법률시장의 안전지대는 이동하고 사라졌음에도 불구하고 기존의 안락지대에 머물고 있는 개업 변호사와 예비 변호사가 너무 많다는 것이다. 변호사를 준비하는 예비 변호사들과 대화를 해보면 상황은 심각하다. 법률시장이 어려운 것은 알지만 자신은 유능한 변호사가 될 것이고, 대형 로펌이나 괜찮은 중소형 로펌에 취직해서 돈을 많이 벌 것이며, 그래서 그동안 고생한 것쯤이야 쉽게 만회될 것이라는 안락지대가 형성되어 있는 분들이 많은 것 같다. 그리고 개업 변호사는 조만간 큰 사건 하나 수임해서 그동안 누적된 은행 빚을 갚고, 언젠가는 자신도 고급 승용차를 타며 주말에는 자식들과 백화점에서 고급 진열대에 놓인 비싼 명품을 폼 나게 살 수 있다는 안락지대에 머물고 있는 것이다. 그런데 이렇게 먹고살기 힘든 이유는 변호사를 많이 배출해서 그렇다며 사시 변호사와 로스쿨 변호사는 서로를 원망한다. 기존의 안락지대에 생각이 머물러 있다 보니 자존심도 강하다. 그래서 강한 자존심 때문에 돈 안 되는 소위 구질구질한 사건은 품위에 맞지 않아서 수임은커녕 법률상담조차 하려 들지 않는다. 법률시장의 독과점체제가 이동시켜 버린 안전지대에서 소외된 일반 변호사의 안락지대는 이렇게 위험한 선택을 부추긴다.

여기서 잠깐 미겔 데 세르반테스의 기념비적 소설 『돈키호테』를 만나 보자.

에스파냐의 시골 마을 라만차의 늙은 귀족이었던 돈키호테는 기사 모험에 푹 빠져 결국 현실과 환상을 구분하지 못한다. 돈키호테는 녹슨 갑옷과 볼품없는 말 로시난테를 훌륭한 갑옷과 명마로 착각하고, 이웃에 사는 농부의 딸 '알돈사 로렌소'를 자신이 목숨을 바쳐 지켜야 하는 공주로 생각한다. 돈키호테는 주막을 성城으로 착각하고, 주막집 주인을 성주로 여기며, 그 딸을 성의 공주로 믿는다. 풍차를 둔갑한 거인으로 여겨 싸우다가 말과 함께 나뒹굴기도 한다. 그런가 하면 수도사들을 공주를 납치해가는 마법사라고 하며 싸움을 벌이기도 한다. 아무 죄 없는 양떼를 적군으로, 포도주가 담긴 가죽 부대를 골리앗보다 큰 악당으로 착각한다. 그리고 정말 볼품없는 마을의 처녀를 절세미인의 공주로, 감옥에 갇힌 죄수를 무고한 사람으로 확신하고 정의감에 불타올라 좌충우돌하는 이야기다. 재미있는 것은 당나귀를 타고 돈키호테를 따라다니는 살짝 맛이 간 현실주의자 산초 판사다. 산초 판사의 어리숙한 모습을 떠올리면 입가에 웃음이 맴돈다. 돈키호테는 많은 싸움을 하게 되지만 매번 얻어터져서 만신창이가 되고 그때마다 산초에게도 조롱을 받지만 어찌나 유식한지 매번 뱉어내는 말마다 웬만한 시인이나 학자는 저리 가라다. 결국에는 신부와 이발사 등의 도움을 받아 죽음에 가까워졌을 무렵 스스로의 광기를 깨닫고 비석에 자신의 이름을 적지 말란 유언장을 남기고 눈을 감는다. 단적으로 꼬집자면 돈키호테는 동서고금을 오가는 학식으로 나름 유식한 과대망상증 환자이다. 돈키호테의 과대망상은 정작 자신이 해야만 하는 일을 보지 못하게 만들었고, 보고 싶은 것만 보게 하면서 스스로를 죽음의 사지로 몰아넣는 엉뚱한 싸움만 하게 한 위험요소다. 법률시장의 안전지대는 이미 이동했다. 하지만 아직도 안락지대에 머물고 있는 변호사는 법률시장의 돈키호테가 아닐까?

그나마 다행인 것은 세르반테스의 돈키호테는 과대망상증 환자임에도 남에게 큰 해를 끼치지 않는 정의로운 인간의 모습으로 그려져 있다는 것이다. 하지만 기존의 법률시장의 안락지대는 무서운 세뇌의 힘으로 변호사의 숙명이자 사명이라 할 수 있는 변호사법 제1조를 망각하게 하고 과대망상을 부추긴다. 그 과대망상은 변호사가 가진 '이성의 공적 사용에 대한 자유의지[4]'를 소멸시키며 게으르고 비겁한 자로 살아가게 한다. 그래서 진정으로 법률서비스가 필요한 우리의 소중한 이웃들은 쳐다보지도 않게 만든다. 한 다리 건너면 내 가족의 이웃이요, 그 이웃의 친구요, 그 친구의 소중한 자식들인데도 말이다. 법률시장의 안전지대를 송두리째 흡수해버린 법률시장의 골리앗. 변호사니까 유식하고, 유식하니까 대접받아야 한다는 안락지대가 주는 과대망상에서 벗어나지 못한 법률시장의 슬픈 돈키호테. 공유지의 거인 골리앗의 횡포와 안락지

---

4. 임마누엘 칸트는 『계몽이란 무엇인가에 대한 답변(1784년)』에서 미성숙 상태에서 벗어나기 위한 계몽을 위해서는 이성의 공적 사용에 대한 자유의지를 용기 있게 사용해야 함을 강조하고 있다.

대로부터 벗어나지 못하는 과대망상은 우리의 소중한 이웃들,
그리고, 우리의 자식들이 함께 살아가야 할 하나뿐인 이 땅에
슬픈 돈키호테와 사법계의 불신을 잉태했고 그래서 지금 우리
사회는 결코 안녕하지 못하다.

초연결사회의 새로운 시나리오

인간과 인간의 상호소통이 다차원적으로 확장되는 초연결시대. 이제부터는 법률시장의 수요자와 공급자가 함께 주인공이 되는 새로운 법률시장의 유통구조에 대한 희망의 시나리오를 준비해야만 한다. 그 희망의 Core는 변호사법 제1조를 실천하는 것이다.

Core
- 변호사법 제1조

필자 역시 기존의 안락지대로부터 세뇌를 당해 과대망상으로 고생을 했다. 필자 역시 법률시장의 슬픈 돈키호테였던 것이다. 그래서 스스로 너무 부끄럽고 아내와 자식들 보기가 민망하긴 마찬가지다. 이 책은 변호사분들께 하는 이야기지만 그 이전에 필자 자신에게 하는 쓴소리다. 하지만 "변호사, 우리는 누구인가?"라는 질문에 떳떳하게 답하기 위해서는 변호사인 우리는 고통스럽더라도 냉정한 현실을 인식하기 위해 노력해야 한다. 안락지대의 세뇌에 놀아나 정작 봐야만 하는 현실을 등한시한 채 보고 싶은 것만 보면서 살 수는 없는 노릇 아닌가.

1) 도마뱀 뇌

세스 고딘의 『이카루스 이야기The Icarus Deception』에 도마뱀 뇌에 관한 이야기가 나온다.

도마뱀 뇌는 두려움과 반사작용, 분노, 성욕을 담당하는 부위다. 원시 때부터 우리 뇌의 일부였으며 생존을 위해 반드시 필요했다. 하지만 그 뇌는 무척 어리석고 겁이 많아서 걸핏하면 경고등을 켠다. 도마뱀 뇌의 가장 치명적인 무기는 불가능한 프로젝트로 여기게 해 눈길을 돌리게끔 하는 것이다. 애초에 달성할 수 없는 목표라면, 그걸 이루지 못했다고 해서 비난할 사람은 없지 않느냐고 핑계를 늘어놓으면서 조용히 원래 자리로 돌아가게 한다. 여유로운 직장 같은 것은 예전엔 안전지대였지만 이제는 개인의 안락지대에 불과한데도 한때 오래도록 그 안에서 안전했기에 도마뱀 뇌가 미련을 버리지 못하는 것이다. 이는 바로 우리가 철저하게 세뇌되었다는 증거다. 그래서 변화는 힘들다. 세뇌는 미묘하게 작동한다. 세뇌는 안전을 지향하는 인간의 기본적인 욕구를 미끼로 삼는다. 이를 기반으로 하여 이제 더는 안전지대가 아님에도 그곳을 떠나지 못하게 한다. 배운 대로, 들은 대로 따라하면 된다고 끊임없이 속삭이는 것이다.

　필자가 법률시장의 슬픈 돈키호테였던 것이 도마뱀 뇌의 치명적 세뇌에 의한 것인지는 정확히 알 수 없다. 하지만 안락지대에서 벗어나지 못하고 고생하고 있었던 것은 사실이다. 새로운 도전을 하려고 해도 괜히 헛고생만 하는 건 아닌지 두려웠다. 만약 새로운 도전을 하다가 실패라도 하게 되면 세상 사람들의 조롱을 어떻게 감당할지, 그리고 가뜩이나 어려운 법률시장에서 새로운 도전에 따른 투자금을 회수하지 못할 것 같은 두려움도 있었다. 그렇다고 해서 도마뱀 뇌의 세뇌에 계속해서 당하고 있을 수만은 없으니 그야말로 진퇴양난이었다. 막상 새로운 도전을 하려고 하니 무엇부터 해야 할지도 몰랐다. 법률시장의 안전지대는 이동했고, 골리앗에 대항하여 안전지대를 필자 혼자서 원래 위치로 되돌릴 수 있는 여력도 안 되니 도무지 막막하기만 했다. 지금이야 변호사 경력만 10년이지만 그 무렵 필자는 법조 경력이 10년도 안 된 상태였다. 신규 변호사라고는 할 수 없었지만 두렵기는 신규 변호사와 마찬가지였고, 안전지대 밖에서 서성이는 필자의 모습은 너무나 초라했다. 그 와중에 필자가 할 수 있는 것을 한 가지 발견했다. 그것은 바로 가슴속 깊은 곳에서 이간질하는 도마뱀 뇌에 정면으로 대응하는 것이었다. 인적, 물적, 경제적 규모로 볼 때 골리앗을 상대로 이길 수는 없다. 하지만 필자 자신이 가진 두려움을 버릴 수는 있다고 생각했다. 이 두려움을 버리는 데는 돈도 안 든다. 마음만 단단히 고쳐먹으면 된다. 그래서 제일 먼저 두려움부터 떨쳐 버리기로 한 것이다. 물론, 두려움을 떨치려고 노력할 때마다 도마뱀 뇌는 싸움을 걸어 왔다. 피할 수가 없었다. 그래서 도마뱀 뇌에 저항하는 것을 포기하고 그 대신에 도마뱀 뇌가 거부하는 것부터 먼저 하기로 했다. 그것은 바로 도전이었다. 그래서 이번에 실패하면 변호사를 그만두기로 스스로 약속했다. 배수진을 친 것이다.

2) 안락지대 탈출기

사실 필자가 그렇게 배수진을 치기로 마음먹은 것에는 또 하나의 인연이 있었다. 그것은 바로 2012년 제18대 대통령 선거를 앞두고 필자가 '야권후보단일화를추진하는청년변호사모임(약칭 야단청)'을 설립하고 단일화 운동을 했던 일이다. 그 당시 야권 후보였던 문재인 후보와 안철수 후보는 단일화 과정에서 격심한 파열음을 내고 있었다.

필자가 보기에 전국에서 '아름다운 단일화'라는 구호만 외쳐질 뿐 구체적인 방안은 전혀 없어 보였다. 대선 후보자에겐 자신이 대통령으로 당선되는지가 궁극적인 관심사일 것이나, 지금도 마찬가지지만 정치의 '정' 자도 모르던 그 당시 필자에겐 단일화 과정 그 자체가 관심사였다. 대통령이야 하늘이 낸다고들 하지만 적어도 단일화 과정만큼은 두 후보들 간의 선택의 문제로 보았기 때문이다.

그래서 필자는 그 당시 약 3개월간 야단청 회장으로서 정치·법률·종교·예술 등 각 분야별로 합쳐 약 30여 명[1]의 권위 있는 분들과 단일화 인터뷰를 시도했고, 동시에 각종 단일화 운동 모임[2]에 참석하면서 단일화의 필요성과 구체적 방안에 대해 연구하기 시작했다. 구체적 방안 없는 단일화는 허상에 불과하다고 생각했기 때문이다. 저명인사들과의 단일화 인터뷰 시간은 언제 정해질지 몰랐기 때문에 그야말로 '5분 대기조'였다.

정말이지 안 가본 데가 없었다. 인터뷰에 실패하고 허탕을

---

1. 변호사 한승헌(시국사건 1호 변호사), 한세웅 신부(민족문제연구소 이사장), 문정현 신부(4·9 통일평화재단 이사장), 백낙청 교수(서울대), 황석영 작가, 신태섭 상임대표(민주언론시민연합), 변호사 백승헌(前 민주사회를위한변호사모임 회장), 유광언 위원장(장준하기념사업회), 변호사 나승철(당시 청년변호사협회장), 조국 교수(서울대), 최광준 교수(최종길교수를추모하는사람들의모임), 서보학 교수(경희대), 정대화, 김경환 교수(이상 상지대학교), 김민웅 교수(성공회대), 조성대 교수(한신대), 강해윤 교무(원불교 환경연대 상임대표), 임옥상 작가(전국민족미술인연합대표), 우석훈 경제학 박사 등
2. 야권원로 원탁회의(10. 25.), SBS 시사토론(10. 26.), 후보 단일화 국민대토론회(11. 12.)

친 일도 많았다. 필자는 그 와중에 2012년 11월 6일 백범기념관에서 당시 야권 지지자들이 그토록 원하던 두 후보들 간의 첫 대면이 이루어진다는 대대적인 뉴스를 접했다. 그래서 필자는 그동안 단일화 인터뷰 및 각종 모임에서 얻게 된 경험을 토대로 「2012년 제18대 대통령 선거 단일화 승률 제고를 위한 소」라는 제목하에 단일화의 필요성과 구체적 방안을 정리한 내용을 백범기념관에서 두 후보에게 전달하였다.

그 이후 2012년 11월 23일에 안철수 후보가 전격 사퇴함으

2012년 11월 6일 백범기념관에서 가진
단일화 첫 회동 당시 단일화 지지자들과 함께

로써 야권 후보 단일화는 마무리되었다. 물론 필자가 연구해서 제안한 방식으로 단일화가 이루어진 것은 아니다. 하지만 결국에는 단일화가 된 것이므로 야단청은 존립 목적 달성을 이유로 해산해야 했다.

그런데 야단청 해산을 앞두고 필자는 심각하게 고민했다. 단일화 인터뷰와 각종 모임에 참석하면서 이 세상에는 "아프다.", "힘들다."라고 외치는 사람이 너무 많다는 것을 피부로 직접 느꼈기 때문이다. 책에서 느끼는 것과는 차원이 달랐다. 야단청을 해산하고 그냥 돌아서기에는 필자의 피부에 새겨진 안녕하지 못한 우리 이웃들의 아우성이 필자를 고민하게 만들었던 것이다. 필자가 변호사 업계의 불황에서 느끼는 고통은 그분들에 비하면 명함도 내밀지 못하는 고상한 넋두리임이 분명했다.

그래서 기왕에 야단청 설립을 위해 모인 변호사들이 해산하는 것보다는 인권의 사각지대에 있는 분들을 위한 단체로 활동 목적을 변경해서 작은 힘이나마 보태는 것이 적절하다고 생각했다. 다행히도 다수의 변호사들께서 필자의 뜻에 동참해주었고, 그렇게 해서 비정치·비종교 활동을 지향하는 대한인권변호사협회를 설립하게 되었다.

그래서 인권의 사각지대에 있는 분들을 위해 제대로 무료소송을 해보기로 결심했다. 어차피 법률시장에서 안전지대가 사라진 이상 더 이상 비빌 곳은 없다. 그렇다고 안전지대를 향한 강을 건너기 위해 적당한 도하지점을 찾지도 못하고 있는 형국에서 그나마 그동안 배운 지식과 경험을 놀릴 필요가 없었기 때문이기도 하다. 물론 엄청난 경제적 손실을 감수해야만 한다. 그래도 괜찮다. 두려워하지 않고 도마뱀 뇌에 맞서 배수진을 치기로 스스로 약속했기 때문이다. 일 없다고 놀고 있으면 아무도 밥을 주지 않는다. 하지만 약자를 위한 무료소송이라도 하면 밥이라도 먹여 줄 것이라는 믿음을 가졌다. 무조건적인 믿음이었다. 그리고 무엇보다 중요한 것은 무료소송이긴 하지만 일이 생긴다.

사람은 뭐가 됐든 간에 일을 해야 한다. 어차피 야단청을 해산하고 대한인권변호사협회를 설립하면서 배수진을 쳤는데 못할 것이 무엇이겠는가. 필자의 안락지대를 법률가의 초심으로 바꾸고 그곳에서 다시 안전지대를 찾아보기로 했던 것이다. 도마뱀 뇌에 대한 용기를 냈다. 이렇게 해서 새로 시작된 도전의 출발점은 법률가의 초심이다. 법조인이라면 대부분의 초심은 필자와 마찬가지로 법률상 약자의 편에 서는 일이었을 것이다.

이렇게 필자는 대한인권변호사협회를 설립하고 광고를 했다. 우선 같이 일할 변호사들이 있어야 하기 때문이다. 무료 소송이다 보니 박봉일 텐데 그럼에도 불구하고 참 신기한 것은 무료인 인권소송을 함께할 신규 변호사들이 서서히 모이기 시작했다는 점이다. 너무 고마운 분들이고 이 자리를 빌려서 다시 한번 깊은 감사의 뜻을 전한다. 비록 필자의 자금력 한계로 인해 횟수로는 2년 만에 잠정적으로 중단하긴 했지만, 대한인권변호사협회를 운영하면서 만나 지금까지 필자와 함께 힘든 시간을 견뎌 준 동료 변호사님들께 더더욱 감사드린다. 이렇게 대한인권변호사협회를 운영하는 과정에서 또다시 다양한 사람들을 만날 수 있었다.

하지만 예전에는 사과나무에서 사과가 떨어질 것이라는 안락지대에 머물러 있었기 때문에 도저히 알지 못했던 냉혹한 세상이 보다 더 구체적으로 보이기 시작했고, 책에서만 보던 다양한 사실들을 훨씬 더 가까이서 체감하기 시작했다. 전국에서 인권을 침해당했다며 어찌나 전화가 오던지 정말 이 사회는 안녕하지 못했다. 불쌍하고 안타까운 사람들이 너무 많았다. 필자가 감당해야만 했던 경제적 부담은 있었지만 이와 같이 대한인권변호사협회를 운영하면서 그 무엇과도 바꿀 수 없는 소중한 경험을 했다. 대한민국에 있는 훌륭한 인권변호사님들 앞에서 문자를 써서 죄송하다는 말씀을 먼저 드리고 그 경험의 일부를 소개한다.

첫째, **원자도 무겁다**는 사실이다.[3] 무료소송을 하다 보니 모든 게 공짜였다. 고객분들 중에는 법률이 정하는 소송구조 대상에서 제외되어 아무도 맡아주지 않는 소송들이 많았다. 돈이 없으니 변호사 수임료를 내지 못한다. 하지만 그분들의 인생을 좌지우지할 수도 있는 법률관계다. 응급상황이 발생한 것이다. 그런 상황에서 협회에서 무료소송의 도움을 받았던 어떤 고객분께서 선의로 그냥 주셨던 밥값 만 원이 너무나도 고마웠고, 엄청 큰돈으로 여겨졌다. 그날은 만 원으로 맛있게 밥 잘 먹었다. 만일 필자가 안락지대의 망상에 빠진 돈키호테였다면 그런 일거리조차 없었을 것이고, 그래서 수익이 없으니 밥을 굶어야만 했을 것이다. 하지만 돈키호테의 망상을 과감히 버리고 이전에는 안락지대에서 상상조차 하지 않던 일을 하게 되니 적어도 밥값은 나온다. 그리고 도움을 받았던 분은 필자를 생명의 은인으로 존경한다. 그러면서 소중한 자신의 살점인 만 원을 부끄럽고 미안해하며 필자에게 건네준다. 어

---

3. 소프트웨어 오픈 소스 운동으로 잘 알려진 에릭 레이먼드(Eric Steven Raymond)의 말이다.

디 그뿐인가. 변호사로서 일을 하지 않으면 전문성에 녹이 슬 것인데 덕분에 칼을 더 날카롭게 갈았다. 생각하기에 따라서는 필자가 더 고마워해야 하는 것 아닌가? 그렇다. 만 원은 엄청 큰돈이었다. 필자가 안락지대에 머물면서 도마뱀 뇌의 세뇌에서 벗어나지 못할 땐 이렇게 원자도 무겁다는 사실을 제대로 알지 못했다. 책에 기록되어 있는 문자일 뿐이었다. 덕분에 필자는 이제 상담료가 만 원일지라도 결코 소홀히 하지 않는다. 필자의 아내 이야기로는 못된 송아지 엉덩이에 난 뿔이 사라진 것이라고 한다. 필자는 그동안 돈키호테의 과대망상에서 벗어나지 못한 채 달콤한 사과가 떨어질 것을 기대하며 이미 사라진 안전지대에 혼자 서 있었던 것은 아닐까? 사과나무도 없는 곳에서 말이다.

둘째, **사법계의 불신**이다. 2013년 여름 무렵, 필자가 보기에도 분명히 인권침해라고 보이는 사건 때문에 고생하고 있던 한 분이 협회를 찾아왔다. 그분은 수사과정에서 경찰관과 묘하게 얽혀 있었다. 뒤엉킨 법률관계로 인해 만신창이가 되어 있었다. 필자가 보기에 그분의 경우 증거불충분으로 승산이 없는 위치에 있었다. 그래서 가급적 기분이 상하지 않게끔 조심해서 그분의 불리한 법적 위치에 대해서 설명해 드렸다. 그런데 상담하는 동안 경찰관은 말할 것도 없고 판사, 검사, 변호사들을 향해 욕을 하기 시작했다.

"그럴 줄 알았다. 내가 돈이 없으니 어차피 저쪽은 비싼 변호사 사서 나를 나쁜 놈이라고 거짓말이나 하겠지! 변호사도 별것 없다. 변호사나 검사나 판사나 어차피 다 짜고 노는 것들 아니냐. 당신도 똑같은 놈 아니냐? 부끄러운 줄 알아라. 대한민국에 법이 어디 있냐? 돈 있는 놈과 돈 없는 놈만 있을 뿐이다. 이것도 처리 못 하면서 당신이 변호사라고, 그것도 인권변호사라고 떠드냐? 간판 내려라."

정말이지 욕을 바가지로 하셨다. 필자를 향해 육두문자도 나왔지만 거기까지 생각하고 싶지는 않다. 필자도 인간인지라 울컥했지만 오히려 그분한테 미안했다. 얼마나 억울하면 저럴까 싶었다. 그래서 마음속으로 말했다.

'더 하십시오. 그만두고 싶을 때까지 욕을 마구 더 하십시오. 그래야 속이 편해진다면 얼마든지 더 하십시오. 그리고 저뿐만이 아니라 세상을 향해서 욕을 더 거침없이 쏟아 버리십시오. 그래야 법조인들이 번쩍 정신 차리지 않겠습니까.'

그런데 생각해 보면 참 딱한 일이다. 필자는 그분 말대로 판사, 검사와 짜고 소송해 본 적도 없고, 대형 로펌의 변호사처럼 돈을 많이 번 것도 아니다. 돈을 벌기는커녕 협회 운영에 적자가 산더미처럼 쌓여가는 중이었다. 그 상황에서 변호사법 제1조를 가슴에 품고 무료 상담으로 그분을 도와주려고 했을 뿐이다. 막말로 필자가 판사, 검사와 짜고 소송을 해서 돈을 벌었거나, 대형 로펌의 변호사처럼 돈이라도 많이 벌고 욕을 바가지로 얻어먹었으면 차라리 기분이라도 덜 나쁠 것이다. 재미는 남이 보고 욕은 내가 얻어먹는 꼴이니 참 어이가 없었다. 솔직히 고위급 전관 출신 변호사와 대형 로펌을 제외하면 사법계의 불신으로 인해 욕을 얻어먹는 경우 필자와 같은 일반 변호사들은 억울하기 짝이 없는 일이다. 물론 고위급 전관 출신 변호사와 대형 로펌도 억울한 면이 있겠지만 돈이라도 벌었지 않은가. 그런데 필자와 같은 일반 변호사들은 그렇지도 못하다. 그런데 더 억울한 것은 신규 변호사들이다. 신규 변호사들은 돈키호테의 망상이든 아니면 소신 있는 꿈이든 나름의 목표를 가지고 비싼 돈을 들여가며 열심히 공부해서 변호사 자격증을 달고 방금 세상에 나왔을 뿐인데 나오자마자 도둑놈 취급을 받으니 더더욱 억울한 일이다. 그런데 아직도 안락지대에 머물고 있는 법률시장의 돈키호테가 있으니 서글프기만 하다.

　이렇게 협회를 찾아와서 상대방 변호사가 대형 로펌이고, 또, 전관 출신 변호사가 판사에게 손을 썼다느니, 유전무죄 무전유죄니, 변호사끼리 장난쳤다느니 하면서 온갖 하소연을 하는 사람이 참 많았다. 그럴 땐 필자 역시 변호사로서 상담을 피하고 싶을 정도였다. 하지만 그럴 순 없다. 그렇게 돌려보내면 그들은 누가 도와준단 말인가? 사법계의 불신을 어느 정도 누그러트리고자 상담 과정에서 애썼지만 허사가 될 때가 많았다. 그 불신의 벽은 너무 높았다. 안타까울 뿐이다. 하지만 가만히 사건을 들여다보면 필자가 말한 법률관계에서의 골든타임을 놓쳐 버린 경우가 다반사였다. 그 골든타임만 제대로 보냈어도 이렇게 당하지만은 않았을 것이라고 가슴 아파했던 적이 한두 번이 아니었다.

　셋째, **법률서비스는 우리 모두가 함께할 수 있는 구조여야만 한다**는 것이다. 협회를 필자 혼자서 운영할 수는 없는 노릇이다. 함께하는 사람들이 있어야만 한다. 필자도 솔직히 밝혔지만 도마뱀 뇌와 한판 싸워보기로 결심하기까지 처음엔 두려웠다. 하지만 함께하는 사람이 있으니 두려움은 작아지기 시작했고 길이 보이기 시작했다. 그리고 변호사뿐만 아니라 의뢰인도 함께할 수 있는 구조여야 한다는 것이다. 변호사뿐만 아니라 일반 국민도 소중한 '우리'여야만 한다. 협회만 설립되어 있고 의뢰인이 없다면 불가능한 일이다. 협회 소속 변호사들은 의뢰인이 있기에 좀 더 유능한 법률가로서 경험을 쌓을 수 있고, 그 혜택은 다시 의뢰인에게 돌아가는 연결고리를 우리 모두는 잘 이해해야만 한다. 단순히 법률서비스를 제공하기 때문에 그에 대한 대가로 돈을 받는 것이라는 시장경제의 수요 공급의 논리로 법률시장을 이해했다가는 안락지대로 유인하는 도마뱀 뇌와 법률시장의 골리앗에 대항할 수 없다. 이미 말했던 것처럼 법률시장은 사유지의 성격뿐만 아니라 공유지의 성격도 갖고 있기 때문에 법률서비스의 대가를 돈으로만 봐서는 안 된다는 것이다.

필자가 말하고 싶은 법률서비스의 대가는 독특한 특징을 가지고 있다.

법률서비스의 대가 = ① 수임료 —————— 사익
　　　　　　　　　② 법률가로서의 경험 —— 사익과 공익
　　　　　　　　　③ 법치주의 완성 ——— 공익

　우선 법률서비스의 대가로 받는 수임료는 변호사 개인의 사익적 측면이 강하다. 먹고 살아야만 생존할 수 있기 때문이다. 이것은 부정할 수 없다. 그리고 법률서비스를 제공함에 따라 일을 경험하게 되고, 그렇게 축적된 경험은 변호사 자신을 유능하게 만든다. 법률가로서 전문성을 갖추는 데 도움이 되는 것이고, 그 전문성을 다시 사회로 환원하게 된다. 이렇게 다시 환원된 법률가로서의 전문성은 국민 개개인을 보다 민주주의적인 인간형으로, 그리고 보다 법치주의적인 인간형으로 변화시킨다. 따라서 법률서비스 과정에서 얻게 되는 변호사의 법률가로서의 경험은 사익적 측면과 공익적 측면을 동시에 내포하고 있다. 더 중요한 것은 궁극적으로 법치주의 완성에 기여한다는 점이다. 단순히 재화를 공급하는 서비스가 아니다. 이것은 매우 중요한 점인데 법률서비스의 대가로 수임료를 받아 생계를 유지하면서 전문가가 될 수 있는 기회를 가지게 되고, 이러한 과정을 전국의 변호사가 법조삼륜의 이름으로 법원 및 검찰과 함께 훌륭히 이끌어 갈 때 민주주의 인간형, 법치주의 인간형이 다수를 이루며 비로소 대한민국을 완전한 법치주의 국가로 완성하게 된다는 점이다. 따라서 수임료를 주면서 일을 맡길 때 변호사는 무거운 사명감과 책임감으로 그 업무에 임할 수밖에 없다. 법률서비스가 품고 있는 이러한 특성 때문에 법률시장은 공유지로서의 성격을 가질 수밖에 없는 것이다. 법치주의 국가여야지만 법률가가 일을 제대로 할 수 있고 계속해서 먹고살 수 있는 순환구조가 이루어진다. 무늬만 법치국가라면 법률가가 할 일이 없다. 정치적, 경제적, 사회적 강자가 만든 법치주의의 도구로 전락되는 순간 변호사의 일자리는 사실상 없어지는 것이다. 이러한 법률서비스의 특징을 감안한다면, 당연히 사회구성원 모두가 함께할 수 있는 구조여야 한다. 수임료(①)는 법률가로서의 경험(②)과 법치주의 완성(③)이라는 측면을 충분히 고려해서 결정해야 한다는 얘기다. 수임료가 비싸면 결국 지갑을 닫아버리게 되고 결과적으로 법률가로서의 경험도 쌓지 못할 뿐만 아니라 그러한 경우가 많아지면 법치주의 완성이라는 공익도 달성하지 못한다. 결국 변호사의 일자리가 사라지는 악순환으로 연결되는 것이다. 결론적으로 돈 냄새가 아닌 사람 냄새 나는 법치주의를 완성하는 것이 변호사의 일자리인 셈이다. 변호사의 일자리는 단순한 경제적 가치뿐만 아니라 사회 전반의 미래가치가 반드시 고려되어야 한다. 그 미래가치에서 법치주의 완성을 제외한다는 것은 용납될 수 없다.

3) 희극의 시나리오

필자가 협회를 운영했던 경험으로 큰소리쳤지만 안타깝게도 협회 활동을 잠정 중단했다. 우리 모두가 함께할 수 있는 구조로서 법률서비스 대가의 적정선을 찾고 궁극적으로 법치주의 완성에 기여하는 것이 변호사의 일자리라는 확신에 찬 신념을 가지게 되었지만 재정 사정으로 인해 더 이상 버틸 수 없었기 때문이다. 그래서 원래 스스로 약속한 바에 따르면 변호사를 그만두어야 하는 것이 맞다. 하지만 실패한 것이 아니라 안락지대 탈출기로부터 필자가 새로 눈을 뜨는 계기가 되었기에 우리 모두가 함께할 수 있는 구조를 다시 찾아보기로 결심했다. 아직 도전이 끝나지 않았다고 판단했기 때문이다. 어떻게든 저 강을 건너야 한다. 도하지점이 서서히 보이기 시작했는데 거기서 멈출 수는 없었다. 그래서 필자는 궁리를 하기 시작했다. 공유지의 비극을 바꿀 수 있는 희극의 시나리오를 찾아서. 다행인 것은 필자와 함께 노력해 준 벗들이 있었다는 것이다. 진정으로 고맙게 생각한다. 용기라는 것은 혼자서는 보잘것없이 작지만 여럿이 뭉치면 커진다는 말을 실감한다. 다행히 운이 좋아서 함께해준 변호사가 있었지만 안타깝게도 필자의 경제적 여력이 부족해서 끝까지 함께할 수 있는 경제적인 구조까지는 만들지 못했다. 이런 면에서는 함께 고생해 준 변호사님들께 다시 한번 죄송하다는 말씀을 드린다.

　완전한 법치주의, 사람 냄새 나는 법치주의에 기여하는 것이 변호사의 일자리라는 단순한 사실을 깨닫기 위해서는 지금의 안락지대에서 과감히 벗어나야 한다. 변호사 자격증 있다고 해서 당연히 그 대가가 따라오고 스스로 존경받아 마땅하다고 생각한다면 오산이다. 세상은 훨씬 혹독하다. 안전지대는 법률시장의 골리앗이 대부분 흡수해 버렸고, 안락지대는 도마뱀 뇌가 불러일으키는 과대망상에 불과하다는 사실을 깨달아야만 한다. 돈키호테가 타고 다니던 로시난테와 사무장이라고 볼 수 있는 산초와도 과감히 이별하고 지금까지 품어 온 안락지대에 새로운 씨앗을 과감히 심는 작업부터 하는 것이 희극의 시나리오를 쓰기 위한 첫출발이다. 그 씨앗은 바로 변호사법 제1조다. 너무나 간단하다. 필자가 잘난 척하고 싶어서 그런 것이 아니다. 변호사의 사명을 말하는 변호사법 제1조는 이상적인 것이 아니라 지극히 현실적인 것이기 때문이다. 필자가 협회를 운영하면서 초심으로 돌아가 궁극적으로 받아들일 수밖에 없었던 사실, 즉 사람 냄새 나는 법치주의가 이루어져야지만 변호사에게 일자리가 생겨난다는 당연한 현실 인식은 변호사법 제1조를 가슴에 품었기 때문에 가능한 일이었다. 제대로 된 법치주의가 만들어지기를 간절히 바라는 사람이 너무 많다는 사실은, 그토록 간절히 원하는 사람들이 소원하는 바가 이루어지도록 도와주는 일자리를 새롭게 창출하면 된다는 아주 간단한 논리를 변호사법 제1조가 필자에게 가르쳐 준 것이다. 이런 면에서 변호사법 제1조는 결코 이상적인 것이 아니다. 매우 현실적인 것이다. 왜냐하면 여러 번 강조하지만 변호사법 제1조가 변호사에게 새로운 일자리를 줄 것이기 때문이다. 이것이야말로 사익이 곧 공익이 되는 길인데, 그 방법만 찾으면 되는 것이다. 우리는 너무 복잡하게 생각하는 버릇으로 인해 또 다른 문제에 부딪힌다는 사실을 잊어서는 안 된다. 복잡할수록 최대한 간단하게 생각하고 과감하게 움직일 필요가 있다. 법률시장에 새로 써야 할 희극의 시나리오는 변호사법 제1조를 품는 것부터다. 왜냐하면 자본주의에 길들여진 법률시장의 골리앗이 하지 않는 일이므로 그 분야의 일자리는 아직 남아 있다는 얘기가 된다.

변호사법 제1조는 이렇다.

변호사법 제1조(변호사의 사명)
① 변호사는 기본적 인권을 옹호하고 사회정의를 실현함을 사명으로 한

다. ② 변호사는 그 사명에 따라 성실히 직무를 수행하고 사회질서 유지
와 법률제도 개선에 노력하여야 한다.

안락지대에서 과감히 벗어나려고 노력 중인 필자의 눈에는
이렇게 읽힌다.

변호사법 제1조(변호사의 사명)
① 변호사는 기본적 인권을 옹호하고 사회정의를 실현하는 데 필요한 일
자리를 창출한다. ② 변호사는 그 사명에 따라 그 일자리에서 성실히 직
무를 수행하고 사회질서 유지와 법률제도 개선에 노력함으로써 완전한
법치주의를 만들기 위해 힘써야 한다.

좀 이상하게 보일 수도 있다. 하지만 필자에겐 매우 현실적
인 부분이다. 이제 그 방법을 찾기만 하면 된다. 인권이니, 사
회질서 유지니 이런 일들은 국가가 나서서 혹은 시민단체가
나서서 하는 일이라고 지금까지 생각했을 수도 있다. 그리고
그런 일들은 먹고 살만한 대형 로펌에서나 할 일이지 지금 당
장 먹고살기도 힘든데 그런 곳까지 돌아볼 시간이 없다며 도
마뱀 뇌와 타협해왔을 수도 있다. 변호사업계가 먹고살 수 있
도록 국가가 연간 배출되는 변호사를 조절해야 한다고 주장하

며 기존의 안락지대에 머물면서 세월을 원망하고 있었을 수도 있다. 필자도 충분히 이해한다. 필자 역시 그랬던 순간이 있었고 먹고사는 것이 힘들어서 그런 곳까지 신경 쓰고 싶지 않았던 적이 있었기 때문이다. 하지만 결과는 달라지지 않는다는 사실을 반드시 깨달아야 한다. 그렇지 않으면 눈 뜬 장님과 다를 바가 없다. 법률시장의 골리앗은 이미 알다시피 가던 길을 갈 것이다. 그리고 사법계의 불신은 더더욱 변호사업계를 궁지로 몰 것이다. 필자의 개인적인 추측이긴 하지만 이대로 가다가는 연간 배출되는 신규 변호사를 놓고 볼 때 변호사업계는 7년을 버티지 못하고, 개업변호사 2만 명 시대를 맞이하며 완전히 붕괴될 것이다. 법률시장의 골리앗을 제외하고 대부분의 개업변호사는 개점휴업 내지 폐업 상태에 이를 것이다. 그 결과는 두말할 필요 없이 우리 사회 전체의 손해로 귀결된다.

하지만 아직은 기회가 있다. 이렇게 생각하면 어떨까?

어차피 기존의 안락지대에 머물다가는 사회적 존경은 고사하고 일감이 없어 돈도 못 벌고 변호사로서의 전문성도 떨어진다. 집에서 그리고 사회에서 천덕꾸러기가 될 수도 있다. 그럴 바에는 지금까지 외면했던 변호사법 제1조를 가슴에 품고 새로운 일자리를 창출하면서 살아가다 보면 변호사로서 전문성도 기를 수 있고 최소한 사회적 존경이라도 남을 것이다. 그러한 존경이 과연 최소한의 것일까? 아닐 것이다. 적어도 부끄럽지 않은 자신의 이름이 세상에 남을 것이다. 돈은 운 좋으면 벌고, 아니면 말고다. 어차피 밥 먹고 사는 데 필요한 돈을 제외하면 나머지는 인생의 보너스다. 모든 것을 잃는 것보다는 돈만 잃어버리는 게 더 낫지 않을까 하고 생각해 보자. 하지만 너무 걱정 안 해도 된다. 위기는 곧 기회라고 하지 않던가.

필자는 지금 이 순간을 기회라고 생각한다. 법률관계에서의 골든타임이 있듯이 변호사업계는 지금 이 순간이 바로 골든타임이라고 믿고 이 책에서 희극의 시나리오를 쓰려고 한다. 필자가 독자분들께 앞으로 설명드릴 희극의 시나리오는 원자도 무겁다는 사실, 그리고 법률관계에 있어 골든타임의 소중함, 또한 우리 모두 함께 법치주의를 향해 나갈 수 있는 구조의 법률서비스여야 한다는 점 등에 착안하여 필자가 현재 운용하고 있는 시스템이다. 지금 현재 완전히 성공했다고 장담할 수는 없지만 필자는 다시 한번 말하고 싶다. 사람 냄새 나는 법치주의의 완성을 위한 일자리가 곧 변호사의 일자리라는 것을. 이

것이 알파요, 오메가다. 즉, 법률시장의 희극을 위한 시나리
오가 가지는 Core는 변호사법 제1조에 부합하는 일자리를 창
출해서 완전한 법치국가를 이룩하는 것이다.

회원제
법률자문서비스

1) 파트로네스와 클리엔테스

회원제 법률자문서비스는 필자가 로마인의 지혜에서 빌려온 것이다. 한반도의 역사에 관심이 많은 것은 필자 역시 대한민국 사람으로서 당연한 일이겠지만, 한때 로마의 역사에 심취해 있었다. 서울보다 더 작은 도시국가에서 출발한 로마가 유럽을 그토록 오랫동안 지배한 것이 부럽기도 했지만, 그 이유가 너무 궁금했던 것이다. 이탈리아처럼 반도국가인 대한민국도 그 이유를 알아내고 실천할 수 있다면 동북아시아의 강국으로 군림할 수 있을 것이라는 청춘의 호기심이 있었던 것이다. 그래서 손에 든 것이 시오노 나나미의 『로마인 이야기』, 에드워드 기번의 『로마제국 쇠망사』였다.

필자가 이해하고 있는 에드워드 기번은 로마의 멸망 원인으로 제국 그 자체의 무게에 짓눌린 것이 가장 큰 이유라고 말하면서, 구체적으로는 이혼율 급증에 따른 가정 붕괴, 높은 세율과 세금의 남용, 도를 넘는 쾌락의 추구, 지나친 군비 확장, 인구의 급격한 감소, 종교의 타락을 들었다. 하지만 로마제국이 멸망한 이유를 찾기보다는 그런 대제국이 그토록 오래 지속될 수 있었다는 사실에 놀라움을 표시해야 마땅하다고 하면서 로마 군대의 강한 기강과 타 민족과의 융합을 이끌었던 로마인의 정신을 들고 있다. 한편, 시오노 나나미는 『로마인 이야기』 제12권에서 로마 멸망의 원인은 여러 가지 복합적인 이유가 있지만 서기 212년에 발표된 '카라칼라 칙령'을 로마 멸망의 가장 큰 원인이라고 한다. 당시 24세의 피 끓는 젊은이였던 카라칼라 황제는 노예를 뺀 모든 속주민에게도 '공짜'로 시민권을 인정하는 칙령을 내렸고, 이로 인해 그동안 명품으로 인정받던 로마 시민권이 저가 떨이상품으로 전락해 버림으로써, 결국 자긍심이 떨어진 로마는 낙엽처럼 쓰러져 갔다는 것이다. 시오노 나나미 역시 로마의 번성 원인을 자긍심 높은 로마인의 강한 정신으로 보고 있는 것이다. 필자는 에드워드 기번과 시오노 나나미 모두 로마의 번성과 쇠퇴의 원인으로 보고 있는 로마인의 강한 정신을 노블리스 오블리제noblesse oblige

정신으로 이해하고 있다. 여기서 생각할 수 있는 점은 국가와 사회의 구성원이 강력한 자긍심을 바탕으로 노블리스 오블리제 정신을 실천할 때 그 조직의 번영이 약속된다는 것이다.

이러한 로마인의 강한 노블리스 오블리제 정신은 파트로네스와 클리엔테스 관계를 보면 잘 알 수 있다. 시오노 나나미의 글을 그대로 옮겨 본다.

로마의 귀족계급은 아테네의 귀족계급과는 달리, 신흥세력의 힘에 밀려 당장 과거의 유물이 될 만큼 허약하지 않았다. 그들은 여전히 확고한 세력을 유지하고 있었다. 그것도 토지에만 의존하는 힘이었다면, 언젠가는 그들도 아테네의 귀족계급과 같은 운명을 걸었을 게 분명하다. 로마의 귀족은 토지 외에 또 다른 힘을 가지고 있었다. 고대 로마인의 라틴어에 '클리엔테스'라는 낱말이 있다. 이탈리아어로는 클리엔테, 영어로는 클라이언트의 어원이 되는 낱말이다. 영어 사전과 이탈리어 사전에서는 이것을 각각 다음과 같이 번역하고 있다.

client - (1) 변호사 등의 의뢰인 (2) (상점 등의) 고객, 단골 (3) (고대 로마의 귀족에게 종속된) 예속 평민, 하인 (4) 부하, 졸개, 똘마니

cliente - (1) 단골, 고객, 손님, (변호사나 의사 등의 정해진) 의뢰인,

환자, 특별히 돌봐주는 사람 (2) (고대 로마에서) 특정한 귀족의 보호를 받는 평민 (3) 남의 심부름을 하는 자, 앞잡이.

이 '클리엔테스'와 '패트런'(후원자)의 어원인 '파트로네스'의 관계는 로마가 건국되었을 당시부터 이미 존재하고 있었다.

……(중략)……

귀족의 재정상태가 나빠지면 클리엔테스들이 공동으로 귀족을 도왔다. 반대로 클리엔테스 가운데 하나가 경제적으로 위기에 빠지면 귀족이 도왔다. 클리엔테스가 무슨 사업을 시작할 경우, 파트로네스는 동료 귀족들한테 부탁해서라도 그 사업이 성공하도록 힘써주었다. 귀족이 해적한테 붙잡혀 몸값이 필요해지면 클리엔테스들이 사방으로 뛰어다니며 몸값을 마련하는 것이 당연한 일로 되어 있었다. 클리엔테스는 자식의 혼담이나 교육 문제, 취직 문제, 소송 문제까지도 파트로네스와 의논했고, 파트로네스는 그 문제 해결을 도와줄 의무가 있었다. 그 대신 파트로네스가 공직에 입후보하면, 그의 클리엔테스들은 모두 빠짐없이 선거 장소인 마르스 광장으로 달려간다. 로마 시민인 그들은 훌륭한 유권자였기 때문이다.

……(중략)……

파트로네스와 클리엔테스의 관계는 강자와 약자의 관계라기보다는 좀 더 내밀한 관계였고, 양자 사이에 개재하는 것들

가운데 가장 중시된 것은 무엇보다도 신의(피데스)였다. 배신은 최고의 악덕으로 간주되었다.

　……(중략)……

　훨씬 뒤의 일화지만, 루비콘 강을 건넌 카이사르와 폼페이우스의 대결이 막판에 이르렀을 무렵의 일이다. 카이사르가 가장 신뢰하고 있던 보좌관인 라비에누스가 폼페이우스 편에 붙기 위해 카이사르 곁을 떠났다. 폼페이우스 쪽은 이 소식에 기뻐 날뛰었지만, 라비에누스는 정치적 신조 때문에 카이사르를 버리고 폼페이우스를 택한 것은 아니었다. 라비에누스는 피체노 출신의 평민이었고, 폼페이우스는 그 지방 일대를 소유하고 있는 귀족이었다. 다시 말해서, 라비에누스는 조상 대대로 폼페이우스 가문의 클리엔테스였기 때문에 어쩔 수 없이 폼페이우스 쪽으로 간 것이다. 8년 동안이나 계속된 갈리아 전쟁에서 카이사르의 오른팔이었던 라비에누스는 카이사르가 무장으로 얼마나 비범한 재능을 지니고 있는가를 가까이서 보았기 때문에, 카이사르와 폼페이우스라는 두 영웅의 대결 결과도 남보다 정확하게 예측할 수 있었을 것이다. 그런데도 그는 클리엔테스의 신의를 지키는 쪽을 택했다. 카이사르도 떠나간 라비에누스의 짐을 꾸려서 보내준다. 그리고 그의 '배신'을 비난하는 말은 한마디도 하지 않았다. 라비에누스는 로마인으로서 행동했고, 카이사르도 역시 로마인으로서 행동했기 때문이다. 로마의 귀족이 가지고 있었던 힘의 기반은 토지보다는 인간이었다.

이처럼 로마인은 파트로네스와 클리엔테스 사이의 강한 결속력을 바탕으로 노블리스 오블리제의 정신을 몸소 실천했던 것이다. 노블리스 오블리제 정신이 없으면 파트로네스는 클리엔테스를 많이 모을 수가 없었기 때문에 국가의 위기 앞에서는 목숨을 걸고라도 명예롭게 노블리스 오블리제 정신을 발휘했다. 그래서 로마는 수없이 많은 전투와 전쟁에서 필요했던 병력과 병참을 확보하며 승리를 거두게 된다. 회원제 법률 자문서비스는 로마인의 파트로네스와 클리엔테스의 관계에서 착안한 것이다. 로마 대제국의 힘의 기반은 토지보다는 인간이었다는 사실에 주목해야 한다.

2) 사람을 품는 서비스

기존의 법률시장에서 법률서비스의 수요자와 공급자가 만나는 경로를 먼저 살펴보자. 기존의 변호사는 사건 위주로 서비스를 공급하는 영업방식을 취했다. 부동산 전문, 이혼 전문, 경매 전문, 형사 전문 등을 내세우며 영업을 한 것이다. 수요자인 고객들 역시 자신에게 발생한 법률사건이 형사사건이면 형사 전문변호사를, 이혼이면 이혼 전문변호사를 찾는 것이 일반적인 형태였다. 돈이 있는 사업가는 특정 변호사와 자문계약을 체결하고 도움을 받지만, 그렇지 못한 사람들은 사정이 다르다. 일반적인 수요자는 법률관계에서의 골든타임이 사실은 가장 중요한 시간대인데 그냥 흘려보내는 경우가 많다.

골든타임 때 운이 좋아서 친척 중에 변호사가 있거나 법무사 등 법률 직역에 근무하는 사람이 있으면 도움을 받아 웬만큼 위기를 넘긴다. 하지만 대부분은 그렇지 않다. 수요자는 곪을 대로 곪아서 손을 쓰기 힘들 때쯤 되어서야 자신이 처한 법률사건의 전문 변호사를 찾아 나선다. 하지만 이미 늦었다. 그러다 보니 브로커의 사탕발림에 넘어가는 경우가 많고, 사법계의 불신은 이미 알고 있는 터라 그 어떤 변호사를 찾아가더라도 왠지 찜찜하다. 그래서 달콤한 말을 하는 브로커나 아는 사람 소개로 그나마 경제적인 여유가 있으면 전관 출신 변호사에게, 혹은 중소형 아니면 울며 겨자 먹기로 대형 로펌을 찾아간다. 브로커 수수료까지 부담해야 하니 변호사 수임료는 높아질 수밖에 없다. 법률관계에서 막다른 골목에 서 있으니 그래도 전관 출신 변호사나 대형 로펌이면 승산이 있다는 도마뱀 뇌가 선사하는 주관적 믿음에 약해진다. 이렇게 되면 수요자는 필요 이상의 변호사 수임료를 지불해야 한다. 변호사 입장에서는 수임해서 좋긴 하지만 브로커 수수료까지 포함해서 받아야 하니 막상 이래저래 나눠주고 나면 빠듯하다. 그런데 슬픈 돈키호테 변호사는 자신도 이러한 경쟁에 뛰어들어 세월아 오너라 하며 목에 힘을 주고 권위적인 자세로 버티고 있다. 브로커는 이러한 사실을 알고 높은 수수료를 변호사에게 요구한다. 변호사 역시 어쩔 수 없다. 골든타임을 그냥 흘려보내고 막다른 길에 있으니 수요자는 예민하다. 그래서 수요자는 다급한 상황에서 대형 로펌이든 전관이든 간에 대리인으로 선임은 하지만, 이미 법률관계에서 불리해져 있는 상태를 뒤집기란 선임된 변호사로서도 힘들다. 그래서 결과가 좋지 않을 때가 많다. 그러면 수요자는 본전 생각에 내가 속았다고 생각하며 다시 사법계를 불신하고, 경우에 따라서는 변호사에게 돈을 돌려달라며 원수지간이 되기도 한다.

정리하자면 공급자와 수요자의 기본적인 연결고리는 사건 위주로 형성되어 있다는 것이고, 또한 수요자는 골든타임을 놓친 이후 악조건인 상황하에서 불법 브로커의 달콤한 말이나 변호사의 부도덕한 영업에 당하고 있다는 것이다. 법률구조공단과 같은 곳에서 도움을 받을 수 있으면 그나마 다행인데 소송구조 요건이 되지 않으면 사각지대에서 대리인 없이 나홀로 소송을 진행하다가 당하게 된다. 그 결과는 사법계의 불신으로 이어지고, 판사나 검사도 못 믿겠다며 분노에 찬 사회구성원으로 변해간다.

　회원제 법률자문서비스는 바로 이러한 사건 위주의 연결고리, 그리고 브로커 위주의 연결고리를 법률시장에서 변화시키는 것이다. 변호사가 파트로네스가 되어 클리엔테스의 사업과 일상생활을 후원하고, 특히 골든타임 때 우왕좌왕하는 일이 없도록 선제적 조치를 가함으로써 든든한 후원자가 되는 것이다. 사건 위주의 영업이 아니라 사람을 품는 것이다. 어차피 지갑을 여는 것은 사건이 아니라 사람이다. 그렇다면 사람이 기분 좋게 돈을 내야 한다. 돈을 받는 입장도 그게 좋다. 그리고 골든타임이 특징은 결정적인 증거수집과 치명타가 될 수 있는 실수를 예방하는 차원의 간단한 처방이 가능한 시간대라는 것이다. 그래서 고도의 전문적인 실력을 갖추고 대대적인 수술을 할 때 드는 비싼 비용을 지불할 필요가 없고 받을 이유도 없다. 수요자가 저렴한 비용을 낼 수 있는 구조가 마련되는 것이다. 마치 주치변호사를 두고 법률관계에 대해서 모든 것을 저렴한 비용으로 항상 상담할 수 있는 것이다.

하지만 결국 어쩔 수 없이 소송으로 가야 하는 경우가 있다. 그럴 경우에는 파트로네스인 변호사와 클리엔테스인 회원 사이에 이미 형성된 신뢰가 있어서 다른 변호사에게 소송을 맡기게 될 확률은 줄어든다. 왜냐하면 '우리 변호사'이기 때문이다. '우리 변호사'는 믿을 수 있기 때문이다. 마치 파트로네스와 클리엔테스 사이의 신뢰가 평상시에 갖추어져 있는 것과 같다. 그리고 소송에 들어가더라도 필요한 선제적 조치는 골든타임 때 미리 해 두었기 때문에 상대적으로 업무가 쉬워지고 패소하더라도 서로가 어느 정도 납득이 가능하다. 따라서 높은 수임료를 받을 필요가 없다**(저가의 비용).**

변호사와 회원 사이에 신뢰가 돈독해지면 회원은 다른 회원을 소개한다. 인지상정이다. 저렴한 비용으로 항상 자신을 후원해 주는 사람을 곁에 둔다는 것은 즐거운 일이다. 기존의 변호사는 숫자만 많아졌지 만나기도 어렵고, 만나더라도 장사꾼들로만 보인다. 도대체 믿을 수가 없다. 그런데 '우리 변호사'는 그렇지 않다. 모든 것을 함께하며 자신을 후원한다. 든든하다. 그래서 회원은 자신의 지인들을 소개하며 회원이 될 것을 권유하고 자연스럽게 회원은 늘어난다. 그래서 변호사가 회원 1명으로부터 받은 변호사 수임료는 작지만 자랑스럽게 받을 수 있다. 회원이 늘어날수록 변호사에 대한 존경도 늘어나며 가랑비에 옷 젖듯이 수익도 서서히 늘어난다. 그래서 브로커에 대한 의존율도 낮아진다. 브로커를 통해 사건을 만나는 것 같지만 좀 더 깊이 들여다보면 브로커를 통해 사람을 만나게 되는 것이라고 볼 수 있다. 회원제 법률자문서비스는 기존에 브로커가 변호사에게 소개시켜 주던 사람을 이제부터는 자신의 클리엔테스로서 진심을 다해 후원하며 긴밀한 관계를 유지하는 것이기 때문에 굳이 브로커가 있어야 할 필요가 없는 것이다.

변호사가 후원하는 회원 가운데 일정한 시간이 지나면 사업에 성공하는 회원이 생겨나고, 그분들은 평소 자신이 믿고 모든 것을 상의했던 든든한 후원자인 자신의 파트로네스에게 이제는 거액의 수임료를 주면서 일을 맡길 수도 있다. 그런데 그 회원 입장에서는 그 돈이 그렇게 아깝지는 않다. 왜냐하면 파트로네스와 클리엔테스 사이에는 이미 오랫동안 강한 정신적 협력관계가 형성되어 있기 때문에 자신의 파트로네스가 큰돈을 받을 자격이 있다고 이미 인정하고 있기 때문이다(**브로커 단절과 수익의 증대**).

기존의 변호사는 사건을 기다리지만 회원제 법률자문서비스는 변호사가 후원자가 되어 클리엔테스를 모은다. 사건을 처리하는 것이 아니라 회원의 모든 것을 후원한다. 그것도 아주 저렴한 비용으로 말이다. 회원은 자신의 든든한 후원자에게 언제든지 전화만 하면 된다. 기존의 방식처럼 누구에게 물어봐야 할지 고민하면서 골든타임을 놓치는 일이 없다. 즐거운 일이다. 그렇다고 해서 파트로네스는 모든 법률 분야에 능숙한 전문변호사이어야 할 필요는 없다. 그것은 어차피 불가능하다. 회원 입장에서도 그걸 모를 리가 없다. 해당 분야에 능숙한 전문인으로부터 도움을 받아 가급적이면 신속하게 솔루션을 제공하면 되는 일이다. 중요한 것은 회원 입장에서 '우리 변호사'는 나를 위해 모든 것을 처리해 주는 든든한 후원자기 때문에 다른 전문가를 찾아서라도 나의 문제를 해결해 줄 것이라는 믿음만 있으면 된다. 아주 중요한 핵심 포인트라고 할 수 있다(**신뢰에 기초한 스피디한 솔루션 제공**).

회원제 법률자문서비스는 기존의 자문계약과 유사하면서도 다르다. 기존의 자문계약은 개인의 특정 사건, 혹은 기업의 특정 분야를 상대로 한다. 하지만 회원제 법률자문서비스는 사람을 대상으로 한다. 사람이 기준이기 때문에 사람이 품고 있는 모든 법률문제를 처리하게 되고 따라서 그 범위가 훨씬 넓다. 그리고 기존의 자문계약은 주로 해당 분야의 전문성을 기준으로 체결되지만, 회원제 법률자문서비스계약은 회원과 변호사 사이에 강한 신뢰를 바탕으로 한다. 특히, 기존의 자문계약은 건별인 경우 해당 사건이 종료되면 인간관계가 끊어질 수도 있다. 하지만 회원제 법률자문서비스는 인간관계가 끊어지는 것이 아니라 강한 신뢰를 가진 회원의 지인들까지 회원으로 흡수하면서 끝없이 관계가 연결되고 확장된다. 믿을 수 있기 때문이다. 그리고 기존의 자문계약은 고비용이지만 회원제 법률자문서비스는 무료 혹은 매우 저렴한 비용이기 때문에 서로가 기분이 좋고, 특히 변호사는 강한 신뢰를 가진 자로 인식되면서 자연스럽게 존경을 받는 위치에서 본래의 역할을 할 수 있게 되며, 이로 인해 사법계의 불신은 서서히 줄어든다. 그리고 파트로네스는 자신이 변호사법 제1조의 정신으로 후원하는 회원들을 서서히 민주주의 인간형, 법치주의 인간형으로 변화시키며 회원들과 함께 대한민국을 사람 냄새 나는 법치국가로 완성해 나간다(**법치주의의 완성**).

소개한 회원제 법률자문서비스의 핵심을 정리하자면,

첫째, 변호사가 변호사법 제1조를 가슴에 품고 노블리스 오블리제 정신을 갖추어야 한다. 그렇지 않으면 회원과 강한 신뢰를 형성할 수 없다. 진심은 통하는 법이다. 신뢰는 변호사 자격증에서 저절로 나오지 않는다. 도마뱀 뇌에 속지 말자.

둘째, 저가의 비용으로 최선을 다해 회원의 골든타임과 이후의 법률분쟁에 있어 든든한 파수꾼이 되는 것이다. 저가의 비용이어야 하는 이유는 간단하다. 법률시장의 안전지대는 이동했다. 고액의 수임료는 고위급 전관 출신 변호사나 대형 로펌의 안전지대에만 있는 것이다. 대신에 가랑비로 옷을 젖게 한다. 저가라고 해서 법률서비스를 대충 제공했다가는 강한 신뢰를 형성할 수 없다. 이러한 자세는 변호사법 제1조의 정신에 위배된다. 기억해야 한다. 원자도 무겁다는 사실을.

셋째, 회원에게 제공하는 법률서비스가 갖추어야 할 가장 중요한 요소는 스피드다. 당장 솔루션을 제공하는 것이 최상이겠지만 불가능하다면 어떻게든 여러 분야의 전문가와 연결고리를 만들어서 최대한 스피디하게 서비스를 제공해야 한다. 이러한 노력은 회원도 알아주기 마련이다. 그렇지 않으면 저가라고 해서 무시하는 것으로 오해를 받게 되고 오히려 불신만 생길 뿐이다.

사소한 문제임에도 불구하고 최대한 신경 써서 스피디한 서비스를 제공할 때 파트로네스와 클리엔테스의 신뢰가 두터워진다. 항상 상기하자. 원자도 무겁다.

넷째, 변호사는 회원의 법률분쟁뿐만 아니라 사람이 당면한 모든 문제를 후원하는 것이다. 이러한 자세야말로 강한 신뢰를 유지하는 데 있어 결정적인 역할을 하는 부분이며 변호사로서 존경을 받음과 동시에 수익이 가능한 구조를 지속적으로 유지시켜 주는 핵심이다. 그 과정에서 파트로네스와 클리엔테스는 함께 법률시장의 재편성을 도모하며, 법치주의에 보다 적합한 인간형으로 함께 변화하면서 사람 냄새 나는 완전한 법치국가를 완성해 나간다.

이러한 포인트가 바로 변호사법 제1조가 말하는 일자리다. 너무 간단하다. 도마뱀 뇌에 속아 넘어가 기존의 안락지대에서 영감님처럼 가부좌를 틀고 앉은 채 나지도 않은 턱수염을 쓸어내리면서 목에 힘주고 사건을 기다리는 슬픈 돈키호테와는 다르다. 변호사법 제1조를 가슴에 품고 자신을 믿어주는 회원들을 위해 모든 것을 하겠다는 파트로네스의 강한 노블리스 오블리제 정신을 몸소 실천할 때 회원은 신뢰를 주고 일감

을 준다. 그래야만 변호사로서 일을 하면서 전문성을 더 키울
수 있고, 이로써 복잡한 법률분쟁도 처리할 능력이 생기며 수
익도 늘어날 것이다. 기억해야 한다. 회원제 법률자문서비스
의 필요충분조건은 회원과 변호사 간의 강한 신뢰다.

회원제 법률자문서비스는 사건 위주, 브로커 위주로 법률서
비스의 공급자와 수요자가 만났던 기존의 법률시장 패러다임
을 전환하는 것이다. 변호사법 제1조의 정신으로 기존의 수요
자가 가진 고정관념을 변화시키는 것이다. 수요자의 고정관념
을 자신을 전적으로 후원하는 파트로네스, 혹은 주치 변호사
의 개념으로 전환시켜야만 가능한 일이다. 인간은 묘한 구석
이 있다. 고정관념을 잘 바꾸려 들지 않는다. 하지만 주위에서
서서히 변화가 일어나면 고정관념은 의외로 쉽게 바뀐다. 불
안하기 때문이다. 파트로네스가 많아지고, 클리엔테스가 많아
진다면 홀로 법률서비스의 사각지대에 있고 싶은 사람이 과연
몇 명이나 될까? 회원제 법률서비스는 수요자의 법률서비스에
대한 의식을 전환하는 일이라고 할 수 있는데, 그 이전에 공급
자인 파트로네스부터 노블리스 오블리제의 뜨거운 정신을 품
어야 가능한 일이다. 시오노 나나미가 보고 있는 로마의 멸망
원인을 상기해야 한다. 로마인의 자긍심이 사라지면서 로마

는 무너지기 시작했다. 대한민국의 변호사가 변호사로의 자긍심을 잃고 자신의 본분을 다하지 못하면 법률시장의 붕괴에서 끝나는 것이 아니라 대한민국의 법치주의 자체가 사라진다.

3) 시뮬레이션 – 비즈윈클럽(BIZWINCLUB)

BIZWINCLUB은 'Business & Working Insure Club'의 영문약어로서 필자가 운영하는 로펌에서 동료들과 함께 시도하고 있는 회원제 법률자문서비스의 명칭이다. 영문에 나와 있듯이 회원의 사업과 일상생활에서 보험의 역할을 하겠다는, 그리고 모든 것을 후원하겠다는 의지가 담겨 있다고 볼 수 있다. 비즈윈클럽을 운영하기 위해서 기존의 자문계약서와는 다른 방식을 취했고, 구체적인 운영방식 또한 기존의 법률서비스 시스템과는 완전히 다른 방식을 도입했다. 비즈윈클럽을 시도함에 있어 필자의 로펌은 다음의 세 가지를 가장 중요하게 생각하고 있다.

1. 우리는 작은 것은 크게, 큰 것은 작게 본다.
1. 우리는 회원에 대한 신속한 서비스 제공이 최우선 목표이다.
1. 우리는 회원의 모든 것을 후원한다.

처음에는 비즈윈클럽을 시행함에 있어 많은 시행착오를 겪어야 했다. 시행 초기에는 필자를 무슨 삥이나 뜯는 사기꾼이나 양아치로 보는 분도 계셨다. 하지만 기분이 나쁘기는커녕 비즈윈클럽의 부족함을 지적해주는 고마운 분이시라 여겼고, 파트로네스가 갖추어야 할 필요한 정신과 행동방식을 지적해주는 소중한 분이라고 생각하고 하나하나씩 시행착오를 해결해 나가기 시작했다. 물론 지금도 시행착오를 겪고 있다. 작은 일까지 일일이 신경 써야 하니 힘든 것도 사실이다. 하지만 일이 없어서 마음 고생하는 것보다는 훨씬 낫다. 그리고 적어도 도마뱀 뇌의 세뇌에서 벗어났다는 개인적 쾌감은 그 무엇과도 바꿀 수 없는 부분이다. 신기한 일이 있다. 강령이라고 말을 붙이면 좀 웃기긴 한데 필자는 아침에 일어나자마자 그리고 밤에 자기 전에 항상 위 세 가지 약속(이라 쓰지만 필자에게는 강령)을 가슴에 새겼다. 이러한 행동을 반복하다 보니 나도 모르게 실제로 그렇게 행동하고 있다는 사실이다. 필자의 로펌 구성원들 역시 같은 마음으로 업무에 임하고 있다.

비즈윈클럽의 회원과 필자의 로펌 사이에 신뢰가 형성되기 시작하면서 새로운 연결고리들이 아주 서서히 나타나기 시작했다.

실제 사례를 한 가지 들어본다.

비즈윈클럽에 가입한 회원의 지인에 관한 스토리다. 그분은 비즈윈클럽의 회원으로부터 소개받았다며 이 로펌은 믿을 만한 곳이니 소송은 필자의 로펌에 맡겨 보라고 해서 찾아왔다. 그분은 청구금액이 꽤 큰 소송을 진행해야 해서 믿을만한 곳을 찾고 있던 중이었다. 전관 출신 변호사나 대형 로펌을 찾아갈 수도 있었지만 반드시 그곳을 찾아가야만 하는 것이 아니라면 저렴한 곳을 찾는 것도 큰 이유 중에 하나였다. 한 대형 로펌에 지인이 있어 물어보니 소송을 할 경우 변호사 선임 비용이 너무 비싸서 고민이 되었던 것이다. 그분은 회원제 법률 서비스를 운영하는 필자의 로펌을 신기한 듯 생소하게 받아들이셨고, 필자는 상담을 하면서 패소할 것이니 쓸데없이 돈 쓰지 말라고 단호하게 말했다. 그리고 그 이유를 상세히 설명드렸다.

그분은 300만 원의 착수금을 줄 테니 뒷날 미련이라도 없게 소송을 해 줄 수 없겠냐고 필자에게 마지막으로 물었지만, 필자는 거부했다. 모든 것을 후원하기로 마음먹은 파트로네스는 아닌 것은 아니라고 말할 수 있어야 하기 때문이다. 그분 입장에서야 대형 로펌에서 요구했던 수천만 원의 착수금보다는 저렴하니까 버리는 셈 치고 필자에게 제안한 것이겠지만, 실상은 다르다는 것을 필자는 경험을 통해 너무나 잘 알고 있다. 우선 300만 원의 착수금을 받았기 때문에 당장은 좋을 수 있다. 하지만 필자가 법률시장에서 겪은 바에 의하면 의뢰인은 시간이 지날수록 승소에 대한 욕심을 내세우게 된다. 그리고 패소해도 상관없으니 진행해 달라고 했던 초심은 그 욕심 앞에서 서서히 사라진다. 시간이 흐르면서 소송이 불리하게 진행되는 것을 지켜보며 변호사를 불신하게 된다. 변호사가 성실하게 일을 하지 않았기 때문에 자신이 불리해지는 것이라고 생각하는 것이다. 원래 인간은 봐야만 하는 현실보다는 보고 싶은 현실만 보기 마련이다. 급기야는 상대방은 대형 로펌이 내세운 전관 출신 변호사기 때문에 우리도 재판부에 손을 써야 되는 것 아니냐며 변호사를 옥죈다. 그 불신은 서서히 커지면서 애초에 제대로 말렸어야지 하는 원망으로 바뀐다. 잘못하다가는 궁극에는 원수가 되어 온갖 협박을 하면서 돈을 돌려달라고 하는 경우까지 생긴다. 사기라는 것이다. 이런 상황이 벌어지면 그분을 소개한 비즈윈클럽의 회원과 필자의 로펌 사이에 형성된 신뢰까지 영향을 미치게 된다. 그리고 그분 입장에서 300만 원만 나가는 것이 아니다. 패소에 따른 상대방의 변호사비용을 부담해야 하고, 소송과정에서 이래저래 소소하게 들어가는 잔돈푼도 누적되면 꽤 많다. 그리고 정신적 스트레스로 인해 보이지 않는 손해는 더 증가하게 된다.

이러한 사정을 잘 알고 있는 파트로네스는 고객과 상담하고 있는 그 자리에서 300만 원이라는 큰돈을 작게 보고 유혹을 떨쳐 버려야 하는 것이 옳다. 그래서 필자는 다른 제안을 했다. 조금이라도 승소가능성이 있으면 해 보겠는데 이 CASE는 골든타임을 놓쳐서 양심상 할 수가 없다는 것이었고, 대신에 앞으로는 이렇게 골든타임을 놓치지 않도록 당신을 후원할 테니 비즈원클럽에 저렴한 비용으로 가입하라고 했다. 그리고 미련을 가지고 필자에게 제시한 착수금 300만 원의 소송은 다른 변호사에게 맡기라고 권유했다. 필자가 도둑놈이 될 수는 없다. 그리고 작은 것, 즉 저가의 회원 가입비가 더 큰 것임을 필자 스스로 약속했기 때문이다. 여기서 신뢰가 형성된 것인지 잘 모르겠지만 그분은 흔쾌히 비즈원클럽에 가입했고 그 이후부터 필자가 하는 말이라면 잘 믿어준다. 물론 그분은 다른 변호사에게 소송을 의뢰하지도 않았다. 그분은 이제부터 자신의 모든 문제를 필자의 로펌과 상의하겠다고 한다.

이 사례는 '사건'의 위임으로 연결되지 못했지만, 대신에 '사람'을 얻은 케이스다. 기존의 방식대로 사건 위주로 영업을 한다면 변호사의 양심상 맡을 수 없는 소송이니 그냥 돌려보내야 하고 그것으로 그분과의 연결은 단절될 가능성이 높다. 물론, 당신은 양심적인 변호사라며 다음에 다른 사건을 맡기겠노라고 약속은 하고 가지만 실제로 다음에 다른 사건을 의뢰하는 경우는 드물다. 왜냐하면 그런 경우 법률서비스 수요자의 고정관념은 여전히 사건 위주로 전문가를 찾는 방식을 고수하고 있기 때문이다. 그렇다고 양심을 버리고 수임했다간 변호사로서 뒷날을 걱정하지 않을 수 없다. 하지만 회원제 법률서비스의 운영철학에 따르면 저가의 회원가입비로 사람과의 신뢰를 형성하고, 그렇게 해서 그분의 신뢰를 필자의 로펌에 머물게 한 셈이 된다. 계속해서 연결을 유지해 나가면 어떤 사건이 발생했을 때 기존의 수요자의 고정관념에 따라 전문가를 스스로 찾느라 고생하기보다는, 믿을 만하고 평소에 자신을 항상 후원했던 변호사가 전문가를 찾아주기를 바랄 것이다. 그렇다면 변호사인 파트로네스는 그 전문가를 찾아서 공동으로 일을 진행하며 수익을 올리면 모두가 해피엔딩이 되는 셈이다. 이렇게 비즈윈클럽의 회원은 스스로 새로운 연결고리를 만들어 필자가 운영하는 로펌의 클리엔테스를 늘려 주기도 한다. 고마운 일이다. 필자가 이 사례를 소개한 이유는 회원제 법률자문서비스를 운영할 경우 비록 사건은 놓칠 수 있어도 사람은 놓치지 않는다는 것을 실제로 보여드리고 싶었기 때문이다. 사람을 놓치지 않고 연결을 통해 신뢰를 쌓아 가면 반드시 모두가 좋은 날이 오기 마련이다.

비즈윈클럽에 가입한 회원분들께 교부하는 멤버십카드

　비즈윈클럽을 구상하고 실제 시장조사를 거친 다음 2014년 11월 3일에 본격적으로 스타트하기까지 8개월이 걸렸다. 이 책을 쓰고 있는 오늘은 2015년 2월 19일 설날인데 지금까지 비즈윈클럽에 가입한 무료 및 유료 회원은 개인회원과 법인회원을 포함해서 약 100여 분 정도가 된다. 이 책이 출판될 무렵에는 회원이 더 늘어나 있을 것이다. 그리고 지금까지 약 4개월 동안 비즈윈클럽으로 인한 수익은 회원 가입비와 회원으로부터 수임한 사건의 수임료 등을 합하면 약 1,500만 원 정도가 된다. 원자도 무겁다는 사실로부터 작은 것은 크게, 큰 것은 작게 보는 필자의 입장에서 결코 작은 돈이 아니다. 도마뱀 뇌의 세뇌에 갇혀 있었으면 저 돈도 벌 수가 없다. 얼마나 큰돈인가? 그리고 무엇보다 일이 없어서 마음고생하지는 않았다. 그리고 직원들 역시 회원 모집에 열심이었는데 그것 자체가 일이었으니 직원들도 보람을 느끼고 있다. 이제는 더 이상 법정에서 화려한 언변으로 소송을 진행하거나, 사무실에서 폼 나게 자문서를 작성하는 것만이 변호사의 일이 아니다. 파트로네스는 모든 것을 후원하기 때문이다. 사실 저가의 비용이므로 몸이 고생은 하지만 우리의 클리엔테스들은 우리를 진심으로 인정해 주고 있다는 사실이 무엇보다 가장 큰 보람이다. 사법계의 불신으로 우리를 쳐다보지 않는다는 것은 큰 자긍심이다.

필자가 회원제 법률자문서비스인 비즈윈클럽을 시뮬레이션으로 들면서 이렇게 구체적으로 설명하고 있는 이유는 결코 필자와 필자의 로펌을 자랑하기 위해서가 아니다. 필자와 필자의 로펌이 잘났으면 회원제 법률자문서비스를 계속해서 몰래 운영하고 그래서 수익을 많이 내면 그걸로 끝이지 굳이 이렇게 힘들게 책까지 써가며 실제 케이스를 적고 있을 이유가 없다. 속된 표현을 하자면 돈 되는 사업이니 같이하자는 것이다. 필자가 해보지도 않고 제안하면 누가 동참하겠는가? 필자가 그동안 오래 고민하면서 구상했고, 그리고 직접 시도하면서 여러 시행착오를 거친 다음 나름대로 확신이 섰기 때문에 욕을 얻어먹을 각오하고 제안하는 것이다. 법률시장의 안락지대를 과감히 걷어차 버리고 모두 함께 변호사법 제1조의 정신을 불태워 도마뱀 뇌에 맞불을 놓자는 것이다. 그리고 회원제 법률서비스를 함께해보자.

막상 필자가 시도해보니 힘들긴 하지만 나름 보람도 있고, 수익도 어느 정도는 발생한다는 사실을 독자인 변호사에게 보여주고 싶었을 뿐이다. 그리고 법률시장의 재편성은 이미 필자가 말했던 것처럼 기존의 법률시장에서 수요자가 갖고 있던 고정관념을 바꾸어야지만 가능한 일이다. 필자의 로펌만으로는 불가능한 일이다. 상상해 보자. 비즈윈클럽을 운영하는 변호사들이 늘어나고, 그래서 법률서비스 수요자의 고정관념을 서서히 바꿀 수 있다면, 그 결과 전국에 분포된 파트로네스의 클리엔테스가 2만 명이 된다면 어떻게 될까? 필자의 클리엔테스는 지금 현재 100여 분이지만 10년 뒤에는 과연 몇 명이나 될까? 특히 신규 변호사들은 처음에는 고전하겠지만 10년 동안 꾸준히 비즈윈클럽의 회원을 모아 1,000명의 클리엔테스가 있다면 자연스럽게 그 안에서 일거리가 생기고 클리엔테스의 존경을 받으며 살아갈 수 있지 않겠는가?

　법률시장의 안전지대는 이동했다. 아무도 법률시장의 안전지대를 다시 옮겨 주지 않는다. 변호사 숫자가 줄어들기를 기대하는 것 또한 안락지대에서 품고 있는 돈키호테의 망상에 불과하다. 따라서 법률시장의 재편성은 직접 이루어 내야만 한다. 우리 변호사만이 할 수 있다. 세상이 바뀌길 기대하기 이전에 우리 변호사 스스로가 먼저 변해야 한다. 강해져야 한다. 그래서 사람 냄새 나는 법치주의 완성에 기여하며 보람찬 인생을 살아야 한다. 자신의 삶을 도마뱀 뇌에 더 이상 뺏기지 않고 용기 있게 변화시킬 의향이 있는 분은 필자에게 연락하기를 바란다. 필자가 그동안 겪었던 비즈윈클럽의 시행착오를 겪지 않도록 도와드리고 싶다. 그리고 앞으로 발생할 시행착오를 함께 이겨낼 수 있도록 총명한 지혜와 용기를 필자에게 보태어 주시기를 진심으로 기대한다.

공유변호사제도[4]

    필자가 사법연수원을 수료하고 서울에서 변호사로 활동하는 지금까지, 특히 대한인권변호사협회를 운영할 때와 최근의 비즈윈클럽을 운영하면서 많이 접하는 사례다. 의뢰인에게 발생한 사건을 관할하는 법원이나 검찰이 서울이나 경기도를 벗어난 경우 당황스럽다. 아마도 다른 변호사분들께서도 마찬가지였을 것이다. 가령, 부산지방법원이 관할이면 KTX를 타고 다녀와도 하루가 지나간다. 경제적으로 여유가 있는 의뢰인들은 대형 로펌이나 자신이 알고 지내는 변호사에게 차비와 일당이 포함된 높은 수임료까지 내면서 부산의 사건을 처리하면

---

4. 필자가 이 책에서 임의로 만든 용어이고 아직 학계나 실무에서 정립된 것은 아니다.

된다. 하지만 반대의 경우는 소송에서 의뢰인이 얻게 되는 이익보다 변호사 수임료가 더 많이 지출되는 상황이니 의뢰인과 변호사 모두 안타깝기만 하다.

가령 부산에서 진행 중인 소송의 청구금액이 1,000만 원인데 서울에 있는 가까운 변호사에게 수백만 원씩 지불하면 의뢰인 입장에서 밸런스가 맞지 않다. 그렇다고 해서 서울에 있는 변호사가 100만 원 받고 언제 끝날지도 모르는 소송 때문에 몇 번이나 부산을 왕복한다는 것 또한 부담스럽기는 마찬가지다. 그래서 부산에 있는 변호사를 소개해 달라고 하지만 잘못 소개시켜 주었다가는 뺨 석 대 얻어맞는 중매쟁이가 될 수도 있으니 망설여진다. 설령 부산에 있는 변호사를 소개시켜 준다고 하더라도 서울에 있는 의뢰인은 부산까지 내려가서 사건을 다시 설명하면서 여러 번 왕복해야 하는 수고를 감수해야만 한다. 그날은 의뢰인 입장에서 아무 일도 못 하는 손해가 발생하는 것이다.

사정이 이렇다 보니 브로커가 더 활개를 친다. 그래서 비싼 수임료를 감당하지 못해 변호사를 선임하지 않고 차라리 나홀로 소송으로 법정에서 억울함을 하소연하거나, 아니면 법무사에게 서류 작성료만 지불하고 나홀로 소송을 하는 경우가 생각보다 많다. 이렇게 나홀로 소송을 하고 나서 패소라도 하게 되면 또다시 유전무죄 무전유죄 하며 세상을 원망한다. 골든 타임을 놓친 것도 모르고 재판을 다른 지역에서 해야 하는 상황에서 변호사를 제대로 선임할 수도 없는 형편이다. 사실상 법률서비스의 사각지대에 놓인 셈이다.

앞으로 연간 변호사 배출이 늘어나면 수임료가 더 낮아질 것이고, 그렇게 되면 변호사는 더 낮은 수임료로 직접 다른 지역을 이동하면서 고생을 해야 한다. 그렇게 되면 그 피해는 의뢰인에게 돌아갈 확률이 높다. 변호사는 그런 사건을 맡으려고 하지 않을 것이고, 맡게 되더라도 아무래도 인간이다 보니 본전 생각이 나서 해당 사건에 신경을 쓸 여력이 줄어들 것이기 때문이다. 물론, 사건을 수임한 서울에 있는 변호사가 부산에 있는 변호사를 복대리인으로 선임하여 법정에 출석하게끔 할 수도 있다.

하지만 사건의 성격상 복대리인을 선임하기가 곤란한 경우에는 문제다. 복대리인은 출석만 하지 복대리로 선임된 사건의 실질적인 진행에는 관심이 없기 때문이다. 복대리를 하게 되면 차이는 있지만 법정에 대신 출석할 때마다 평균 1회당 10만 원을 본대리로부터 받는다. 복대리도 한두 번이지 계속하다 보면 의뢰인은 서울에 있는 변호사를 믿지 않을 수도 있다. 그리고 법정에는 분위기라는 것이 있다. 실제로 법정에 출석해서 묘하게 돌아가는 분위기를 읽어내는 것이 변호사의 능력 중에 하나인데 본대리인 대신 사건에 관심도가 낮은 복대리인만 법정에 출석을 한다면 의뢰인에게는 분명히 손해다. 사건의 특성상 복대리인을 선임하는 것이 부적당한 경우에는 이런 부작용이 발생할 수밖에 없다. 자신의 사건은 돈이 안 되니 버려졌다는 생각까지 하며 세상을 원망하기가 부지기수다. 결국 사법계의 불신으로 이어진다. 악순환이 아닐 수 없다. 그렇다면 이 문제를 해결할 수 있는 방법이 없을까?

앞서 보았던 〈표 1. 제1심 민사본안사건 변호사 선임 건수〉를 기억할 것이다. 2013년도를 기준해서 볼 때 합의사건의 경우 약 3만 3천 건, 단독사건의 경우 약 22만 5천 건, 소액사건의 경우 약 80만 건 정도가 제1심 본안사건에서 원·피고 모두 동시에 대리인이 선임되지 않은 경우다. 모두 합치면 100만 건이 조금 넘는다. 이 숫자는 제1심 본안사건만 통계로 나온 수치고, 항소심과 상고심 그리고 각종 신청 및 형사사건 등 모두 합치면 훨씬 더 많을 것이다. 그렇지만 소극적으로 100만 건이라고 가정하고 1건당 30만 원을 변호사 수임료로 책정했을 경우 3,000억 원이라는 엄청난 숫자가 나온다. 좀 더

소극적으로 1건당 10만 원을 변호사 수임료로 책정하더라도
1,000억 원이 된다. 이 돈을 전체 변호사의 숫자로 나누면 변
호사 1인당 수익은 엄청나다. 변호사로서 소신 있게 법치주의
의 파수꾼으로 살아가는 데 전혀 문제가 없다. 그렇다면 도대
체 무엇이 문제란 말인가?

필자는 법률시장의 안락지대에서 빠져나오지 못하고 있는
변호사가 다수라는 점이 가장 큰 이유고, 그 다음은 높은 수임
료의 원인이 되는 법률서비스의 유통 구조에 문제가 있기 때
문이라고 생각한다. 전자의 경우는 이미 여러 번 언급했기에
생략하고 후자의 문제, 즉 법률서비스의 유통구조에 대해 살
펴보기로 하자. 다만 그 이전에 현재의 경제흐름을 분석해 볼
필요가 있다. 현재의 경제흐름에서 수요자의 소비 트렌드를
읽어야 하고, 그 트렌드에 맞게끔 법률서비스의 유통구조를
맞추는 것이 해답이 될 수 있기 때문이다. 필자는 회원제 법률
자문서비스를 논의할 때 법률서비스 수요자가 갖고 있던 기존
의 고정관념을 변화시켜야만 법률시장의 재편성이 가능하고,
그 일은 파트로네스와 클리엔테스 관계에 있는 변호사와 국민
이 함께할 때 가능한 것임을 말한 바 있다. 그 고정관념을 변
화시키는 과정에서 서로 상승할 수 있는 적합한 법률서비스

의 유통구조를 창조하기 위해서는 현재 소비자의 일반적인 소비 트렌드를 반드시 참고해야만 한다고 본다. 이 부분 논의는 다소 경제학적인 측면이 있어서 지루하다고 생각할 수도 있겠지만, 가만히 들여다보면 꽤 재미있는 부분도 있다. 그럼에도 불구하고 지루해 할 수 있는 분들을 위해 최대한 간단히 설명 드리고자 노력하였으니 참고해 주기 바란다.

1) 경제 패러다임의 전환

스탠 데이비스Stan Davis와 크리스토퍼 메이어Christopher Meyer는 1998년 『Blur: The Speed of Change in the Connected Economy』에서 경제주체가 인터넷을 기반으로 움직이면서 빠른 속도로 비즈니스를 변화시키고 이를 통해 무형적 가치가 증가되는 연결경제를 말하고 있다. 단절된 산업화 시대의 중요 가치였던 대량 생산, 가격 차별화, 표준화 등을 무기력하게 만들고 전통적 경제를 붕괴시켜 전 세계의 상품과 서비스가 통합되고, 구매자가 판매하고, 판매자가 구입하는 등 모든 경계가 흐릿해지는 새로운 연결경제에 진입하고 있다는 것이다.[5]

---

5. 『초연결시대, 공유경제와 사물인터넷의 미래, 차두원·진영헌, 한스미디어』 p201 이하

다음은 제레미 리프킨이 하는 유명한 이야기다.

물적 재산과 지적 재산의 **'소유'를 전제로 한 판매자와 구매자 사이의 교환이라는 개념보다는 '접속'을 전제로 한 공급자와 사용자로 바뀌는 네트워크 경제**의 개념을 설명하고 있다. 소비자가 재화를 소유하기보다는 접속하기 위해 경제활동을 하게 될 것이라는 것이다. 값싼 내구재는 여전히 시장에서 거래되겠지만 가전제품, 자동차, 집과 같은 고가품은 공급자에 의해 소비자에게 단기 대여, 임대, 회원제와 같은 서비스 계약의 형태로 제공될 것으로 예상했다(최근에 유행하는 협력적 소비를 떠올리면 독자께서도 쉽게 이해할 수 있을 것이다). 세계 통신·방송망의 규제 완화와 상업화가 가속화되면서, 국민국가는 자국 영토 안에서 통신을 감독하고 통제할 수 있는 능력을 상실하고 있고, 글로벌 미디어 기업은 정치적 국경선을 가뿐히 뛰어넘는 통신망을 전 세계에 깔고 있으며 이 과정에서 정치의 근본적 성격까지 바꾸어 놓고 있다고 말한다.[6]

그리고 **협력적 공유사회**Collaborative Commons라는 새로운 경제시스템이 세계 무대에 등장하고 있다고 한다. 이것은 19세

---

6. 『소유의 종말(The Age of Access), 이희재 옮김, 민음사.』 p11-13, p331 이하

기 초, 자본주의와 사회주의의 출현 이후 처음으로 세상에 뿌리내리는 새로운 경제 패러다임으로서 이미 우리가 경제생활을 조직하는 방식에 변혁을 가하며 소득 격차를 극적으로 축소할 수 있는 가능성을 제시하고 글로벌 경제의 민주화를 촉진하는 한편 환경면에서도 **보다 지속 가능한 사회를 창출**하고 있다는 것이다. 그러면서 현재 자본주의 시장과 협력적 공유사회가 뒤섞인 하이브리드 경제의 출현을 예고한다.[7]

한편, 사물인터넷은 통합 글로벌 네트워크를 통해 모든 사물을 모든 사람과 연결할 것이라고 하면서, 사람과 기계, 천연자원, 물류 네트워크, 소비 습관, 재활용 흐름 등 경제생활과 사회생활의 사실상 거의 모든 측면이 센서와 소프트웨어를 통해 사물인터넷에 연결돼, 기업체와 가정, 운송수단 등 모든 노드node[8]에 시시각각 실시간으로 빅데이터를 공급할 것이라고 본다. 이후 고급 분석을 거쳐 예측 알고리즘으로 전환된 빅데이터는 다시 프로그램을 통해 자동화 시스템에 입력되어 열역학 효율성을 증진하고 극적으로 생산성을 향상하는 동시에 경제 전반에 걸친 재화와 서비스의 생산 및 유통의 모든 영역

---

7. 『한계비용 제로사회(The Zero Marginal Cost Society), 안진환 옮김, 민음사.』 p7, p251 이하
8. 데이터를 전송하는 통로에 접속되는 기능 단위로 주로 통신망의 분기점이나 단말기의 접속점을 가리킴.

에서 **한계비용을 제로에 가깝게 떨어뜨릴 것**으로 보는 것이다. 빅데이터를 활용해 자신의 일상을 관리하는 새로운 앱을 제로 수준의 한계비용으로 창출하고 모든 사람과 모든 사물을 연결함으로써 재화와 서비스가 거의 무료 수준의 시대로 이동하고 그와 더불어 자본주의는 다음 반세기에 걸쳐 쇠퇴하며 협력적 공유사회가 경제생활을 조직하는 지배적인 모델로 자리 잡을 것이라고 말하고 있다.[9]

이번에는 세스 고딘Seth Godin이 말하는 연결경제를 보자.

그는 제품을 생산함으로써 부를 쌓아가던 산업사회의 시대가 저물고 **'연결'과 '관계'라는 완전히 새로운 것에서 가치가 창출될 것**으로 전망하고 있다. 네트워크로 방출하는 정보는 우리가 그곳에서 받아들이는 정보에 영향을 미친다. 네트워크는 사람과 사람, 사람과 조직, 그리고 더 중요하게 사람과 아이디어를 연결한다. 네트워크를 바탕으로 하는 경제가 바로 연결경제다. 네트워크를 기반으로 하는 연결경제는 선택권과 판매통로를 무한하게 확대한다. **연결경제는 기존의 가치를 파괴하면서, 동시에 연결을 모색하는 모든 이들에게 기회를 준다.** 연결은 엄청난 비용이 들이가는 공장이나 노동력에

---

9. 『한계비용 제로사회(The Zero Marginal Cost Society), 안진환 옮김, 민음사.』 p25, p113 이하

의해 이루어지는 게 아니므로, 이 연결들을 가로막는 장벽은 없다. 연결은 온라인과 오프라인으로 이루어지며, 이들은 저마다의 가치를 가지고 있다. 연결경제는 좋은 학벌이나 부모 또는 인맥이 없는 이들의 진입을 차단하는 문지기에 의존하지 않고 모두에게 평범한 방식으로 움직인다. 모든 이들이 자신의 목소리를 내고 제안할 수 있도록 허용하는 것이다. 그래서 연결할수록 더 많은 가치가 만들어지는 게임이 무한히 계속될 수 있다고 설명하고 있다.[10]

마지막으로 **초연결성**Hyper Connectivity이란 개념을 소개한다. 캐나다 사회과학자 아나벨 퀴안-하세Anabel Quan-Hasse와 배리 웰만Barry Wellman이 처음으로 정의한 것이다. 네트워크로 연결된 조직과 사회에서 이메일, 메신저, 휴대폰, 페이스 투 페이스 접촉 등 다양한 방법을 통해 인간과 인간의 상호 소통이 다차원적으로 확장되는 현상을 설명하기 위한 용어이다. 즉, **인간의 행동을 제약하고 있던 시간과 공간이라는 개념을 '연결'을 통해 제거해 나감을 의미한다.** 초연결사회가 등장한다는 것이다. 그래서 초연결시대에는 혁신의 발생 경로가 단순해지며 짧아지고, 비즈니스 생태계는 유기적으로 촘촘해지고

---

10. 『이카루스 이야기(The Icarus Deception), 박세연 옮김, 한국경제신문』 p37-40, p251

있으며, 혁신의 장벽을 넘는 크라우드 펀딩과 소싱, 무너지는 온라인과 오프라인의 경계, 무엇보다 하드웨어보다는 소프트웨어 혁신으로 그 패러다임이 전환되는 시점에서 중요한 혁신의 가치인 사용자 경험이 중요해질 것이라고 한다. 즉, 이러한 **사용자 경험시대에는 혁신과 감성이 소비재 구매의 기준**으로 자리 잡는다는 것이다.[11]

지금까지 필자가 소개한 학자들의 논의는 산업사회와 더불어 성장한 자본주의의 패러다임이 변하고 있음을 지적하는 공통점이 있다. 물론, 이러한 논의에 대해 반대의견도 있는 것은 사실이지만 그 부분에 대해서까지 이 책에서 논의할 필요는 없다. 필자는 경제의 흐름 속에서 변화하고 있는 소비의 트렌드만 추출하면 되는 것이지 경제학자가 아니기 때문이다. 필자가 이러한 경제학적 논의에서 뽑아낸 흐름은 다음과 같다.

우선 인터넷을 기반으로 인간 상호 간의 연결이 가속화되고, 이러한 네트워크가 시간과 공간을 초월하면서 이로 인해 소비자의 트렌드가 기존의 교환보다는 감성과 혁신을 동반하는 접속을 선호하는 경향이 있다는 점이다. 급속하게 변화하는 초연결사회에 살고 있는 소비자는 이메일, 메신저, 휴대

---

11. 『초연결시대, 공유경제와 사물인터넷의 미래, 차두원 · 진영헌, 한스미디어』 p194, p294

폰, 페이스 투 페이스 등과의 접속을 통해서 이전에는 시공에 의해 차단되어 있던 재화나 서비스에 관한 정보를 자유롭게 취득하면서 새로운 경제활동을 할 수 있게 되었고, 이러한 경제활동에 있어 패러다임의 변화는 소비자가 기존의 방식처럼 재화나 서비스의 교환을 하기보다는 그러한 것들에 접속함으로써 소비의 욕구를 충족하는 것을 선호하게끔 만든다는 것이다. '공유경제Sharing Economy'와 '협력적 소비Collaborative Consumption'의 상징인 에어비앤비AirBnB[12]를 떠올리면 쉽게 이해할 수 있다.

협력적 소비에 대한 간단한 예를 들면, 필자의 집에 있지만 보지 않는 책과 독자의 집에 있지만 보지 않는 다른 책을 지금 당장 교환·중개 사이트에 접속하여 자연스럽게 교환하는 것이 협력적 소비이다. 예전 같으면 보지 않는 책을 버리거나 혹은 중고서점에 팔고 필요한 책을 새로 구입했을 것이다. 그런데 막상 버린 책이 다시 필요하거나 아니면 새로 구입한 책이 재미가 없으면 환불조차 안 되는 경제적인 부담이 발생한다. 그런데 공유사회에서의 협력적 소비는 인터넷의 교환·중

---

12. 에어비앤비는 누구나 자신의 방과 집, 별장 등 사람이 묵을 수 있는 모든 공간을 자유롭게 임대할 수 있도록 인터넷으로 중개하는 세계 최대의 숙박공유 서비스를 말한다.

개 사이트를 통해 그러한 경제적인 위험을 부담하기 싫어하는 소비자들 사이에 서로 책을 교환하게끔 서로 협력하는 구조인 것이다.

다시 말해서 돈을 내고 책을 구입한 다음 그 책에서 정보를 취득하는 전통적 의미의 '교환'보다는 인터넷이라는 시공을 초월하는 연결매체를 이용해서 상호 '접속'을 하고, 이를 통해 서로의 요구needs가 일치하는 소비자 사이의 잉여 정보를 '공유'하는 소비 형태인 것이다. 그리고 이러한 특이한 형태의 경제활동은 초연결시대에 더 가속화될 것이고, 타인이 가진 정보, 즉, 타인의 사용 후기나 감성에 대한 정보가 소비자의 구매기준이 된다는 것이다.

이것이 필자가 최근의 경제학 논의에서 이해하는 초연결시대의 소비 트렌드다. 그런데 좀 더 가만히 들여다보면 공유사회, 초연결사회의 개념에서 학자들이 지적하고 있는 중요한 것이 하나 더 있다. 즉 연결 혹은 유기적으로 촘촘히 짜인 네트워크는 한계비용을 줄이면서 기존의 가치를 파괴하고, 동시에 연결을 모색하는 모든 이들에게 기회를 주며, 지속가능한 공유사회를 창출하게 될 것이라는 점이다.

2) 법률시장의 공유변호사

이렇게 세상은 초연결시대를 향해 가고 있다. 이에 비해 대한민국 법률시장의 법률서비스 제공방식은 크게 변화하지 않고 있다. 현재의 법률서비스 제공방식을 먼저 살펴보자.

사법시험에 합격하고 2년간 사법연수원을 수료하거나 로스쿨을 졸업하고 변호사시험에 합격한 신규변호사는 로클럭(일종의 재판연구원), 검사, 변호사로 나누어진다. 그리고 신규 변호사는 대형 로펌, 중·소형 로펌, 개업 변호사들이 모여 있는 합동법률사무소, 변호사 개인이 운영하는 법률사무소, 각종 회사, 공공기관 및 기타 단체에 취직한다. 그리고 법원이나 검찰에 근무하다가 퇴직하고 변호사가 되는 경우에도 위와 같은 취업유형과 비슷하지만 주로 대형 로펌에 취직한다. 예전에는 대형 로펌 이외의 방식으로 개업을 많이 했지만 전관 변호사에게도 법률시장의 한파는 예외가 아닌 것이다. 이에 비해 신규 변호사는 대형 로펌에 취직하는 숫자가 별로 안 되고, 계약직이 많다. 여기서 법률시장의 안전지대인 법원과 검찰, 대형 로펌을 제외한 나머지 지대에서의 법률서비스 제공방식이 과연 초연결사회에서 변화하고 있는 패러다임에 대응하고 있는지를 고민해야 한다.

　법률시장의 안전지대를 제외하고 우선 각종 회사와 공공기관 및 기타 단체에 근무하는 변호사는 조직의 특성상 자유로운 변호사 업무가 어렵다. 그래서 제한된 업무를 볼 수밖에 없고, 필자가 〈표1. 제1심 민사본안사건 변호사 선임 건수〉에서 지적했던 약 100만 건의 법률서비스의 사각지대에 손을 뻗고 싶어도 한계가 있다.

　다음으로 중·소형 로펌, 합동법률사무소, 변호사 개인 운영의 법률사무소를 보면 주로 M&A를 통해 법률시장의 한파를 이겨 내려고 한다. 그 M&A 유형을 보면 주로 별산제[13] 방식의 로펌이다. 그런데 어쩌다가 운이 좋으면 그나마 먹고살 만하겠지만 그렇게 버틸 수 있는 달콤한 시간도 법률시장의 한파 속에 오래 가지 못한다. 소위 고위직 전관 출신이 아니면 힘들기는 마찬가지다. M&A를 하더라도 변호사마다 개인플레이를 하는 별산제가 대부분이기 때문에 법무법인 전체 매출과는 별개로 변호사 개인의 영업실적이 좋지 않으면 은행에서 대출을 받아 직원의 월급을 주어야만 한다. 그렇다 보니 기존의 변호사들은 사시 변호사와 로스쿨 변호사 사이의 집단 갈

---

13. 로펌, 즉, 법무법인의 형태이긴 하나 그 구성원인 변호사가 각각 매출과 매입을 별개로 정산하는 구조를 말한다. 법인으로서 배당을 받는 형식을 취하지만 실제로는 구성원 변호사의 영업실적에 따라 개인별로 다시 정산하게 된다.

등을 교묘히 이용하여 월급을 낮추면서 비용을 줄이고 싶은 유혹에 빠져 든다. 물론 변호사 배출이 많아져서 그 희소성이 떨어진 이유도 있겠지만, 기존 변호사 입장에서 비용부담을 줄여야 하는 급박한 현실 속에서 신규 변호사까지 돌봐 줄 여유를 찾기란 역부족이다.

그나마 박봉이더라도 취업에 성공한 신규 변호사는 그나마 좀 낫다. 그런 일자리도 찾지 못한 신규 변호사는 울며 겨자 먹기로 별산제 로펌에서 월별로 200만 원 내지 300만 원을 부담하며 불안한 '강제 개업'을 하지만 사정이 여의치 않다. 월별 부담금조차 힘겨운 신규 변호사는 급기야 자신의 거주지인 집을 사무실로 등록만 해 놓고 취직이 되기만을 힘겹게 기다린다. 세상은 냉혹하다.

안전지대 밖에 있는 중·소형 로펌의 기존 변호사, 혹은 자력이든, 빚이든, 아니면 가정집을 사무실로 하든 간에 어떻게든 개업을 한 신규 변호사 모두 법률시장의 냉혹함 속에 빚만 늘어간다. 그래서 이 상황을 타계하기 위해 인터넷에 광고도 내고, 브로커의 도움도 받아 보기는 하지만 이래저래 나눠주고 나면 남는 게 없다. 또 다시 빚만 늘어간다. 빚에 쫓겨 마음은 조급한데 변호사에 대한 가족과 사회의 기대에 부합하기 위한 부대비용은 줄일 수가 없으니 한숨이 줄어들지 않는다.

이런 상황을 만회하는 방법은 역시 대형 로펌처럼 일단은 덩치를 키우는 방법밖에 없다며 또 다른 방식으로 M&A를 시도해 본다.

하지만 서로가 경제적으로 힘들다 보니 마음에 여유가 없고, 마음에 여유가 없는 사람들 사이의 협상이 원만하게 이루어질 수가 없다. M&A를 시도해서 협상이 이루어지더라도 얼마 가지 못하고, 결국엔 남남이다. 덩치만 키운다고 해서 실질적인 대형 로펌으로 인정받고 일감을 주는 현실이 아니기 때문이다. 이렇게 계속해서 벗어날 수 없는 반복게임을 하다 보니 생존에 급급한 나머지 불법행위에 대한 유혹마저 머리에서 맴돈다. 비용을 줄이는 것도 만만치 않고, 영업은 더욱 힘들어진다. 그렇다고 몇 십만 원 받고 다른 지역에 있는 법원까지 가기에는 귀찮고, 본전 생각도 난다. 그것은 변호사의 품위에도 지장을 주고 정당한 노동의 대가가 될 수 없기 때문에 할 수 없는 일이라고 생각한다. 그래서 그런 사건을 상담하게 되면 인권단체나 법률구조공단을 소개하며 파리만 날리는 사무실에서 소위 '한 건'은 반드시 올 것이라며 기존의 안락지대에 머물고 있다. 도마뱀 뇌에 속아 안전지대를 착각한 나머지 잠깐 모였다가 다시 흩어지고 있는 M&A에 불과하다. 앞으로 7년 후면 변호사 2만 명의 시대가 온다. 이대로 가다가는 법률시장의 붕괴는 불을 보듯 뻔하다.

초연결사회에서 새로운 변화를 시도하지 못하고 실패가 예정된 반복게임 속에서 도마뱀 뇌에 세뇌된 변호사는 변호사법 제1조의 정신을 상실한 채 법률서비스의 사각지대를 나 몰라라 하며 점점 지쳐만 간다. 물론 모든 변호사가 그렇다는 것은 아니다. 필자가 말하고 싶은 것은 대부분의 변호사가 그렇지 않다고 자신 있게 말할 수 있는 변호사는 대한민국에 많지 않다는 것이다. 암울하다. 필자 역시 변호사 입장에서 이런 암울한 현실을 동료이자 선·후배 관계에 있는 변호사분들께 대놓고 표현한 것이 죄송스럽다. 하지만 새로운 변화를 향한 철저한 노력만이 답이라고 믿고 이를 위해 냉정한 현실을 함께 인식하고픈 필자를 조금이라도 용서해 주시기를 바란다. 필자 역시 공공의 적이었다.

여하튼 법률서비스 공급자의 상황이 이렇다 보니 법률서비스의 사각지대는 그 영역이 더 넓어지고 있다. 〈표 1. 제1심 민사본안사건 변호사 선임 건수〉를 보면 해마다 변호사가 늘어나는데도 각 사건별 선임비율은 크게 차이가 나지 않고 제자리다. 그렇다면 생각을 바꿔야 한다. 결론부터 말하자면 필자가 위에서 이미 기술한 약 100만 건의 법률서비스 사각지대가 공익적 측면에서 변호사의 역할을 다할 수 있는 곳이요, 사익적 측면에서 변호사의 새로운 안전지대로 바꿀 수 있는 곳이다. 초연결사회에서 그것을 현실화시키기 위한 새로운 시나리오가 바로 법률서비스의 협력적 공급체계, 즉 공유변호사제도다.

① 공유변호사의 개념

필자는 위에서 경제학자들의 안목을 소개하였다. 다시 간단하게 정리해 본다. 소비자의 트렌드는 소유보다는 접속을 선호하기 때문에 경제활동의 한계비용을 줄이는 인터넷을 활용하여 연결을 모색하고 접속의 기회를 늘리면, 모두에게 수익 창출의 기회가 생기면서 지속 가능한 사회를 만들 수 있다는 것이다. 이 말을 법률시장에 적용해 보자. 법률소비자의 트렌드는 비용이 많이 드는 소유보다는 저렴한 접속을 선호하기 때문에 법률서비스 제공의 한계비용을 줄이는 인터넷을 활용하여 연결을 모색하고 법률소비자가 다양하게 접속할 수 있는 기회를 늘리면 모두에게 수익 창출의 기회가 생기면서 이 사회를 지속 가능한 법치주의로 만들 수 있다는 것이다. 세스 고딘의 표현을 응용하자면, 소유의 차원인 '무엇을 더 얻을 수 있을까'로부터 접속의 차원인 '무엇을 더 줄 수 있을까'로 법률서비스의 공급 기준을 이동시켜야 한다는 것이다. 즉, 변화하는 소비 트렌드의 일반적 흐름에 맞게끔 법률서비스 수요자가 공급자인 변호사에게 접속할 수 있는 기회를 인터넷을 통해 활짝 열어 주자는 것이다.

공유변호사제도를 그림과 함께 풀이하면 다음과 같다.

〈공유변호사제도 예시〉

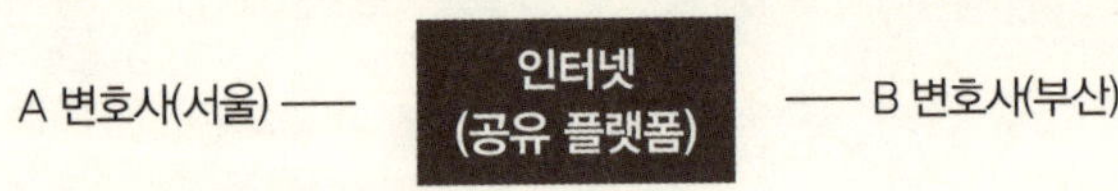

공유변호사제도는 공유경제의 협력적 소비에 대응하는 개념으로서 인터넷을 이용한 법률서비스의 협력적 공급을 말한다. 가령, 위 그림에서 서울에 있는 A 변호사는 의뢰인으로부터 부산지방법원이 관할인 민사사건을 상담했다. 그런데 그 사건은 소액사건이지만 의뢰인 입장에서 소송으로 다툴 만한 분명한 법적 이유가 있고, 사안의 성질상 저렴한 복대리인을 선임하기엔 부적절하다.

그래서 A 변호사가 해당 사건을 선임하려고 하지만 부산까지의 출장비용, 소가 등을 계산하면 기존의 평상시 착수금과 성공보수로 약정하기엔 상호 간에 너무 부담스럽다. 그래서 A

변호사는 인터넷을 통해 부산에 소재한 변호사들 중에서 이 사건을 담당해 줄 변호사에 관한 정보를 확인한다. 이때 인터넷에 접속한 B 변호사가 같은 조건하에 수임할 의향이 있다고 한다. 그래서 A 변호사는 의뢰인에게 B 변호사를 소개하면서 의뢰인이 직접 부산까지 내려가서 B 변호사에게 다시 사실관계를 설명하고 상담받을 필요 없이 사실관계 정리 및 증거 수집은 A 변호사가, 이를 통한 법리 구성 및 서면 작성은 A 변호사 및 B 변호사가 공동으로 수행하고, 다만 법정 출석은 B 변호사가 하는 형태로 공동 수임할 수 있는 공유변호사제도를 설명한다. A 변호사로부터 설명을 들은 의뢰인은 부산까지 내려가서 변호사 찾느라 고생을 안 해도 된다. 그리고 자신을 대리해 주는 변호사가 이제 2명이나 된다. 공유변호사들이 서로의 법률지식으로 협력하여 대리해 주니 금상첨화다. 그래서 의뢰인은 A 변호사 및 B 변호사를 공동으로 선임하고 자신의 일상으로 돌아간다. 그리고 A 변호사와 B 변호사는 착수금을 합의하에 분배하고 이메일, 전화 등을 통해 서면 작성을 위한 법리 구성 및 기타 재판 진행에 관한 사항을 긴밀하고 민첩하게 협의하며 사건을 진행한다. 그리고 이러한 법률서비스의 협력적 공급이 성실하게 이루어지고 있음을 의뢰인도 알 수 있도록 수시로 피드백을 하며 신뢰를 유지한다.

위의 그림은 공유변호사제도의 한 사례일 뿐이다. 얼마든지 다른 유형에도 적용할 수 있다.[14] 이러한 시스템은 자신이 보유하고 있는 '잉여 소비가치'를 인터넷을 통해 서로 나누는 협력적 소비와 유사한 것으로서, 변호사 개인이 보유하고 있는 '잉여 공급가치'를 인터넷의 접속을 통해 한곳에 모으고, 이를 통해 법률서비스 수요자에게 협력적 공급을 하게 되는 구조라고 보면 된다. 공유변호사제도는 의뢰인이 선임한 한 명의 공유변호사를 통해 공유변호사제도를 이용하는 공유변호사들의 모든 잉여 공급가치, 즉, 협력적 공급을 일시에 접속할 기회를 만드는 것이다.

이제는 모든 것이 기존의 재화나 서비스를 소유하기보다는 접속을 선호하는 최근의 소비 트렌드에 맞추어져 있다. 초연결시대의 소비자는 일대일의 교환보다는 일대다의 접속을 선호하는 경향으로 발전해 나갈 것이고, 공유변호사제도 역시 그러한 소비 트렌드에 맞춘 것이다. 그리고 공유변호사는 다른 공유변호사의 협력적 공급을 구매하고 소비한다는 측면에

---

14. 사안에 따라 공동 수임이 아니라 책임성 있는 복대리인 선임도 수월해진다. 그리고 원거리에 있는 법원이나 검찰청에 있는 기록을 복사하는 업무도 원활하게 협력할 수도 있고, 원거리에서 이루어져야 할 증거 수집 등 기타 변호사로서 할 수 있는 모든 업무를 효율적으로 협력할 수도 있을 것이다. 원거리가 아니라 동일 지역 내에서의 위와 같은 모든 업무도 협력할 수 있음은 당연하다.

서 단순한 공급자에 머물지 않고 수요자가 되기도 한다. 기존의 법률시장은 특별한 사정이 없는 한 구매자인 의뢰인과 판매자인 변호사 1인 사이에 재화와 서비스의 교환이 이루어지는 형태인데 반해, 공유변호사제도는 인터넷 플랫폼의 접속을 통해 법률서비스의 판매자와 구매자가 공급자와 사용자로 바뀌고, 때로는 공급자가 사용자가 되기도 하는, 이른바 법률시장에서의 공유경제를 만드는 것이다. 이러한 공유변호사제도의 운용원리는 수평적 협업, 보편적 접속, 비배제성의 최적화에 있다. 공유 플랫폼의 당연한 구조이다. 이러한 구조를 통해 강한 대한민국에 반드시 필요한 사회적 자본을 창출한다. 이 플랫폼은 모두를 프로슈머[15]로 만들고, 그리고 모든 활동을 협업하게 만들 것이다. 사회적 자본을 전례 없는 규모로 번성하게 만들고 공유경제를 실현하는 것이다.

지식과 기술의 확산은 탁월한 공공재로서 분배의 불평등을 줄일 뿐만 아니라 전반적인 생산성을 제고시킬 수 있는 중

15. 앨빈 토플러 등 미래 학자들이 예견한 기업의 생산자(producer)와 소비자(consumer)를 합성한 말이다. 소비자가 소비는 물론 제품개발, 유통과정에까지 직접 참여하는 '생산적 소비자'로 거듭나는 의미다. 기업들이 신제품을 개발할 때 일방적으로 기획·생산하여 소비자 욕구를 파악하는 단계에서 최근에는 고객 만족을 강조하고 있다. 프로슈머 마케팅 개념은 이 단계를 뛰어넘어 소비자가 직접 상품의 개발을 요구하며 아이디어를 제안하고 기업이 이를 수용해 신제품을 개발하는 것으로 고객만족을 최대화시키는 전략이다. DAUM 백과사전 참조(http://100.daum.net/encyclopedia/view/31XXXXX17102)

심적인 메커니즘으로 보고 있는 토마 피케티의 견해에 따른 다면,[16] 공유변호사제도를 실현할 수 있는 인터넷 등의 기술적 수렴과정을 통해 법률 지식의 확산이 이루어지게 되고, 법률서비스 제공의 불평등 문제를 극복함으로써 법률서비스 사각지대를 줄일 수 있게 된다는 것이다. 이런 측면에서 볼 때 공유변호사제도는 일종의 사법개혁의 트리거링 기술Innovation Triggering Technology[17]이 될 수도 있다. 필자는 공유변호사제도가 21세기 대한민국 법률시장의 지배적 패러다임이 될 수도 있다고 상상해 본다. 이러한 공유변호사제도가 활성화되면서 법률서비스의 협력적 공급자, 즉, 공유변호사가 많아지면 어떻게 될까? 공유변호사제도라는 새로운 패러다임의 역할과 기능을 좀 더 구체적으로 살펴보자.

② 법률서비스 수요자 입장

위 사례의 경우 법률서비스의 사각지대 밖에 있는 경제력

---

16. 토마 피케티의 『21세기 자본(장경덕 외 옮김, 글항아리)』 p 33
17. 무인항공기 또는 드론(Drone), 무인자동차, 일본의 간병 로봇 등과 같이 혁신 유발 단계 기술들로 해당 산업뿐만 아니라 관련 산업 분야의 광범위한 재편과 일자리 구조의 변화, 새로운 시장 형성, 사람들의 생활방식 등의 사회 전반에 커다란 영향을 주는 혁신을 유발하는 기술을 말한다. 『초연결시대, 공유경제와 사물인터넷의 미래, 차두원 · 진영헌, 한스미디어』 p72

있는 법률서비스 수요자는 더 저렴해진 가격에 공유변호사제도를 이용할 수 있다. 그리고 타 지역에 있는 변호사를 선임할 경우만 공유변호사를 이용하는 것이 아니라 같은 지역 내의 다른 공유변호사를 이용할 수도 있다. 일거리가 많거나 아니면 비용과 시간문제 등 여러 가지 이유로 자신의 사건을 처리할 수 없는 공유변호사와 시간적 여유가 있는 동일지역 내의 다른 공유변호사를 공동으로 선임하면 되기 때문이다. 특히 공유변호사제도는 법률서비스의 사각지대에 있던 수요자에겐 반드시 필요하다.

기존에는 소액사건인 경우 감당할 수 없는 수임료 때문에 나홀로 소송을 해야만 했다. 하지만 공유변호사제도는 후술하는 바와 같이 한계비용을 현격히 줄여줄 것이기 때문에 변호사 수임료도 같이 낮아지면서 법률서비스의 사각지대에서 벗어날 가능성이 열린다. 법률서비스의 사각지대에서 벗어나는 것만으로 끝나는 게 아니라 위의 사례에서 본 것처럼 다수의 변호사를 공동으로 선임할 길이 열린다. 그전에는 상상조차 하기 힘들었던 일이다. 그래서 이제는 나름 든든하고 고마운 공유변호사들이다. 나중에 돈을 벌면 공유변호사에게 진 신세를 갚겠다고 마음먹는 분들도 더러 계신다. 상상이긴 하지만 모두에게 즐거운 일이다. 과연 필자만의 상상일까?

③ 법률서비스의 공급자 입장

우선 변호사 간에 M&A를 통해 무리하게 덩치를 키울 필요가 없다. 어차피 별산제로 덩치를 키워 봐야 그다지 차이가 없다. 사무실 확장하느라 돈만 든다. 하지만 공유변호사제도는 덩치를 키울 필요가 없다. 이미 인터넷을 통해 접속해 있는 공유변호사들이 시공을 초월한 협력적 공급체계를 갖추고 있기 때문에 시공이 제한되어 있는 기존의 M&A 방식보다 훨씬 효율적이다. 별산제 방식의 로펌에서 근무하는 변호사가 다른 변호사와 협력해야 할 때면 제한된 시간과 공간 내에서 협력자를 찾아야 하지만, 공유변호사제도를 활용하게 되면 시공의 제한 없이 언제든지 협력자를 찾을 수 있다. 기존의 M&A 방식으로 덩치를 키워도 다른 지역에 출장을 가야 할 경우는 해결하기 힘들지만, 공유변호사제도를 활용하게 되면 쉬워진다. 따라서 굳이 사무실 덩치를 키우느라 무리하게 한계비용을 지출하면서 기존의 M&A 방식을 고집할 이유가 없다.

공유변호사제도의 인터넷 플랫폼에는 같은 지역 내 혹은 다른 지역에 있는 공유변호사들이 협력을 요청하는 니즈가 많이 올라와 있을 것이므로 굳이 영업을 하기 위한 사무장이나 불법 브로커에 기댈 필요가 줄어든다. 따라서 한계비용은 더 낮아진다. 이렇게 낮아지는 한계비용은 법률서비스의 가격도 낮추게 된다. 그렇게 되면 손해로 보일 수도 있지만 그 대신에 한계비용이 많이 낮아졌기에, 다양한 일거리를 확보할 수 있다. 이전에는 높은 한계비용으로 인한 높은 수임료 책정으로 선임하지 못했던 사건까지 가능해지는 것이다. 반대로 공유변호사 1명의 니즈에 대해 다수의 공유변호사들이 접속하고, 그 안에서 자연스럽게 가격 경쟁이 발생한다. 법률서비스의 협력적 공급체계를 준비하고 있던 다수의 공유변호사들 사이에서 협력적 경쟁cooperative competition[18]이 유도되는 것이다. 이러한 협력적 경쟁관계로 인해 법률서비스의 가격은 더 낮아지고, 결과적으로 높은 수임료로 인해 멀기만 했던 법률서비스는 보다 더 국민에게 가까워질 것이다.

18. 자마니 교수는 다른 사람을 이겨야 자신이 승리하는 '지위 경쟁(positional competition)'과 타인과 함께 일하면서 같이 이기는 '협력적 경쟁(cooperative competition)' 중 협동조합은 후자를 추구하며, 바로 오늘날 우세한 경쟁 방식이라고 덧붙였다. 그는 "자동차, 화학 등 자본집약 산업은 자본주의 기업 형태가 맞고 서비스, 농업 등 노동집약 산업은 협동조합 형태가 어울린다."라며 "협동조합은 자본주의 기업을 대체하는 것이 아니라 보완하는 것."이라고 말했다. 두 형태가 공존하는 게 바람직하다는 것이다.
http://www.segye.com/content/html/2013/08/08/20130808003661.html?OutUrl=daum

공유변호사제도는 법률서비스 공급자 중에서 특히 신규 변호사에게 매우 해 볼 만한 일이다. 필자 역시 신규 변호사 시절의 경험이 있기에 자신 있게 말할 수 있는 부분이다. 신규 변호사는 황금 숟가락을 입에 물고 태어나지 않는 한 혹독한 법률시장에서 버티기가 힘들다. 심지어 필자는 작은 일거리조차 구하기가 쉽지 않았다. 하지만 공유변호사제도는 다른 공유변호사들이 인터넷 플랫폼에서 작은 일거리부터 큰 일거리까지 협업을 요청할 것이고, 신규 변호사는 그 일을 하면 된다. 굳이 한 달에 몇 백만 원씩 비용을 부담해가며, 혹은 사건브로커에 얽매여서 고생할 필요가 없다. 작은 일거리라도 부지런히 움직이면 먹고살 수 있다.

공유변호사제도는 변호사에게 새로운 시장을 열어주는 것에 끝나지 않는다. 여러 가지 일거리를 통해 법률전문가로서 반드시 필요한 경험을 할 수 있게 해준다. 필자가 법률서비스의 특징에서 사익과 공익이 공존하는 측면을 기술한 바 있다. 즉, 일거리를 통해 법률전문가로서의 능력을 다듬을 수 있게 되고, 그렇게 키워진 능력은 또다시 사회 구성원을 향해 도움을 줄 것이므로 사익과 공익이 공존한다. 이런 측면은 신규 변호사에게 실질적으로 도움이 되는 부분이다. 일거리가 없으면 흐르는 세월에 칼은 녹이 슨다. 기존의 변호사도 일거리가 없으면 칼에 녹이 슬긴 마찬가지다. 하지만 신규 변호사는 손에 칼만 쥐었지 쓰는 법에 아직 미숙하다. 변호사 자격증은 손에 칼을 쥘 수 있는 권한만 부여했을 뿐이다. 공유변호사제도는 비록 작지만 다양한 일거리를 통해 법률경험을 할 수 있는 환경을 조성해 줄 수 있기 때문에 꼭 필요하다. 그리고 시간이 지날수록 수많은 공유변호사와 함께 협업을 하는 과정에서 서로의 노하우를 익히고 공유할 것이기 때문에 공유변호사는 시간이 지날수록 더 전문가가 될 것이다. 마치 실리콘밸리의 기업들이 혁신적 기업, 제품, 서비스가 계속 살아 있는 환경에서 아이디어, 인재, 자본이라는 양분이 서로 순환하고 결합하고 변화하면서 창의적 해법을 탄생시키는 것과 유사한 것이라고 보면 된다.

　수익에 비해 작은 일까지 맡아야 하니까 BC분석을 하면 한계수익이 떨어진다고 생각할 수도 있다. 하지만 원자도 무겁다. 저렴한 가격일지라도 일거리는 많아지는 게 좋다. 그리고 이전에는 변호사 혼자서 모든 것을 다 해야 했지만 공유변호사제도는 협업을 하는 변호사 사이에 업무를 분담하기 때문에 운영의 묘를 잘 살리면 얼마든지 효율적으로 시간을 사용할 수 있다. 처음에는 늘어나는 일거리에 비해 수익이 늘어가는 비율은 더디겠지만, 반드시 티핑 포인트*tipping point*는 오게 되어 있다. 필자가 말한 약 100만 건의 법률서비스 사각지대에 숨어 있는 1,000억 원은 공유변호사제도를 통해 서서히 수면 위로 올라와서 분산될 것으로 보기 때문이다. 1심 본안 사건만 기준으로 최소한으로 잡은 수치가 1,000억 원이다. 다른 일거리까지 공유변호사제도를 통해 흡수한다면 감히 상상도 하기 힘든 황금알이 될 수도 있다. 하지만 돈이 목적이어서는 안 된다는 것을 잊어서는 안 된다. 변호사는 장사치가 아니다. 법치주의 완성의 파수꾼으로서 필요한 생계를 유지하면 그걸로 족한 것이다. 이 사실을 망각하는 순간 변호사 자격증이라는 칼을 들고 횡포를 부리는 고약한 자가 될 것이다.

④ 필요충분조건 – 신뢰

공유경제의 핵심은 공급자와 수요자를 서로 취향에 맞게 잘 연결해 주는 것에 있다. 그 과정에서 공유경제 플랫폼은 공급자와 사용자 사이의 상호 신뢰를 확인하고 공유하며 서로 믿을 수 있게 하는 수단을 제공해 주어야 한다. 그렇지 않으면 공유경제라는 허울을 쓴 사기가 되어 버린다. 그렇기 때문에 의뢰인과 공유변호사, 그리고 공유변호사들 간에 신뢰는 공유

변호사제도의 필요충분조건이다. 초연결사회의 소비가 사용
후기 등의 관련 정보의 접속을 통해 사용자 경험을 중시하는
경향으로 변하고 있는 추세에 비추어 볼 때도 당연한 결과이
다. 회원제 법률자문서비스와 마찬가지로 공유변호사제도의
필요충분조건 역시 강한 신뢰라는 사실을 잊지 말아야 한다.

　이러한 필요충분조건인 신뢰는 어디서 나오는 것일까? 해
답은 간단하다. 모든 출발점은 변호사법 제1조이고, 모든 마
지막도 변호사법 제1조다. 연결은 인간의 존엄성에서 시작된
다. 인터넷이 있다고 해서 해결되는 문제가 아니다. 공유변호
사제도는 인간의 존엄성에서 시작되는 것이다. 공유변호사 모
두가 인간의 존엄성을 지키겠다는 확고한 의지와 용기가 있을
때 진정한 연결은 가능하다. 따라서 기존의 산업사회에서 자
본이 있으면 뭐든지 할 수 있다는 공식은 공유변호사제도에서
는 성립되기가 어려울 것이다. '실천'하는 변호사법 제1조여야
한다. 이러한 자세로 임할 때 법률서비스 수요자의 고정관념
도 변화될 수 있고, 공유변호사제도에 대해서 변호사들 사이
에서도 신뢰를 쌓을 수 있다. 신뢰는 변호사 자격증으로부터
주어지는 것이 아니라 몸소 실천하면서 만들어 가야 하는 것
이다. 천년제국 로마를 좌지우지했던 것은 무적의 로마 군단

으로 보이지만, 그 안에는 로마인의 강한 자긍심과 상호 간의
목숨을 건 신뢰가 녹아 있었다는 것을 잊어서는 안 된다.

⑤ 외국의 사례(미국, 독일)

오프라인에서 늘어나는 법률서비스 유통구조의 한계비용
을 줄이기 위한 외국의 사례를 살펴보자. 이러한 시도는 미국
에서 이미 시작되었다. 다양한 국가를 찾아보고 비교, 검토해
볼 필요는 있지만 필자의 여력에 한계가 있어 미국과 독일의
경우만 예로 든다.

미국에서는 수요자가 인터넷 사이트에서 자신의 사건을 경
매하거나 혹은 온라인 사이트가 수요자 대신 직접 변호사를
찾아 주기도 한다.[19] 그래서 해당 사이트에 수요자가 자신의
사건 내용을 올리면 변호사들 사이에 경매가 일어나고, 수요
자는 그중에서 자신이 원하는 변호사를 선택한다. 온라인상의
법률사건 경매Legal Case Auction라고 보면 된다. 그리고 Virginia
주와 North Carolina 주에는 앱에서 교통위반사건을 경매하
기도 한다. Utah, Texas, North Carolina, South Carolina,

---

19. LegalMatch.com(San Francisco 1999년, 사실상 세계 첫 변호사–소비자 매칭서비스),
    AttorneyAuction.com, Shpoonkle.com 등 참고.

Rhode Island, Ohio 주들은 이러한 변호사–소비자 매칭 서비스attorney matching services를 긍정적으로 보고 있다고 한다. 이러한 새로운 유통구조는 기존의 형태에 비해 수요자에게는 법률서비스의 접속을 확대할 수 있는 길을 열어 주고, 그 과정에서 한계비용이 줄어든 변호사는 저가의 법률서비스를 제공할 수 있게 된다.

한편, 독일의 경우는 필자의 자문위원께서 독일의 변호사로부터 알게 된 정보를 소개하기로 한다. 미국이 개인주의적 성향의 국가라면 그에 비해 독일은 단체주의적 성향이 강한 나라다. 그런 성향으로 인한 것인지는 정확히 단정할 수는 없지만 독일은 미국처럼 온라인상의 시장경쟁을 통해서 법률서비스 유통구조에 변화가 일어나기보다는 다양한 법률보험 및 소송구조 제도를 운영함으로써 변호사 보수를 보전하고, 이러한 보험의 위험분산방식을 통해 수요자는 다양한 법률서비스를 제공받을 수 있다고 한다. 물론 미국도 법률보험이 있기는 하지만 독일처럼 그 영역이 넓지는 못하다고 한다. 독일은 법률서비스의 대가에 녹아 있는 한계비용의 부담을 보험이라는 기법을 통해 구성원 전체의 것으로 나누고 있다고 볼 수 있다.

　미국의 경우 필자가 위에서 소개한 인터넷 사이트는 미국 전역을 아우르지는 못하고, 아직은 시작단계에 불과하다.[20] 그리고 필자가 미국과 독일의 사례를 임의로 구분하긴 했지만 분명한 것은 법률서비스 유통구조에 '변화'가 일어나기 시작했다는 것이다. 그런데 필자가 말하는 공유변호사제도는 미국의 사건경매나 변호사–소비자 매칭 서비스와는 다르다. 미국의 유통구조는 온라인을 통해서 수요자인 의뢰인과 공급자인 변호사가 만난다. 이에 반해 필자가 말한 공유변호사제도는 공급자인 공유변호사들이 온라인을 통해 협력적 공급체계를 형성하기 때문에 미국의 유통구조와는 확연히 구별된다. 그리고 미국의 유통구조는 공적인 요소도 간과할 수 없는 법률사건을 마치 물건과 같이 취급하여 경매를 하는 것이지만, 필자가 말하는 공유변호사제도는 변호사들 간에 형성된 협력적 공급체계를 갖춤으로써 법률사건이 지닌 공적인 요소까지 함께 공유하고 해결하게 되는 차원이기 때문에 양자는 완전히 구별된다고 할 수 있다.

---

20. 미국은 주별로 변호사자격증이 다르고, 이로 인해 해당 주 변호사가 취급할 수 없는 사건은 '연방변호사'가 대리하고 있기 때문이기도 하다. 가령, 미국 연방 대법원에는 대법원 변호사 명단에 든 변호사만이 소송사건을 변호할 수 있다.

3) 시뮬레이션 – 럭션(http://www.luxion.kr)

필자는 공유변호사 제도의 인터넷 플랫폼을 실제로 운용해 보았다. 필자가 직접 해보지도 않고 머릿속의 상상물을 모두 함께 하자고 한다면 아무도 믿어주지 않을 것이기 때문이다. 그리고 필자 역시 상상 속의 공유변호사제도가 실현 가능한 것인지 궁금하기도 했다. 그래서 인터넷 플랫폼을 구축하기 위해 IT 전문가에게 의뢰했다. 그 인터넷 플랫폼은 시장경제에서 움직이는 단순한 수익창출의 플랫폼과는 달라야 한다. 그래서 필자는 IT 전문가들에게 공유변호사제도의 철학을 설명하고 비용은 얼마든지 지불할 테니 필자의 고민이 녹아 있는 인터넷 플랫폼을 구축해 줄 것을 부탁했다. 다행히도 전문가 네 분께서 필자의 생각에 동참해 주셨고, 본인들 역시 이 제도가 성공하기를 바란다며 비용은 거의 받지 않으려 하였다. 4명의 IT 전문가가 인터넷 플랫폼을 구축한 다음 필자에게 당부한 말이 있다. 그것은 변호사들이 공유변호사제도를 반드시 성공해서 지금보다는 좀 더 나은 사회를 만들어 달라는 것이었다. 필자는 아직까지 그분들께 고맙다는 말을 하지 않았다. 정확히 표현하면 일부러 하지 않았다. 필자는 그분들의 당부를 가슴에 새기고 공유변호사제도를 실천하겠다는 다짐으로 여기서 감사의 인사를 대신한다. 대한민국에서 아직까지 단 한 번도 시도해 본 적이 없는 인터넷 플랫폼이기 때문에 계속해서 수정해 나가야 하는 측면이 있지만, 결국 이러한 문제도 서서히 해결될 것으로 본다.

그래서 만들어진 인터넷 플랫폼이 럭션luxion이다. 럭션의 'LUX'는 빛을 의미하고, 'ION'은 '－하는 행동'을 의미한다. 그래서 럭션은 변호사들이 그동안 잃어버렸던 빛을 내는 행동을 하자는 것이다. 필자는 지금의 변호사 개개인은 작은 빛이지만 변호사법 제1조를 품고 서로가 가진 잉여 공급 가치를 공유하는 협력적 공급체계를 갖출 경우 럭션이라는 커다란 빛이 되어 우리 사회의 어두운 곳을 밝힐 수 있을 것이라고 믿었기 때문이다. 수많은 빛이 럭션에 모여 법률서비스의 사각지대를 끝없이 밝히기를 바라는 것이다.

그런데 럭션이라는 공유 플랫폼은 그 성질상 공적인 기능을 가지기 때문에 개인이 아니라 변호사들로 구성된 단체가 운영하는 것이 옳다. 법률서비스의 협력적 공급체계인 '공유'의 성격상 이것은 당연한 이치다. 그래서 필자를 포함한 발기인 9인(조성래 변호사, 김창환 변호사, 문형준 변호사, 박진우 변호사, 필자, 한임정 변호사, 차현일 변호사, 송강 변호사, 이석환 세무사)은 2015년 4월에 공유변호사단 럭션의 창립준비위원회 개최를 통해 기본적인 가이드라인을 정했고, 같은 해 5월 7일에 공유변호사단 럭션을 창립했다. 그리고 필자는 그전에 미리 만들어 두었던 공유 플랫폼 럭션의 운영권을 공유변호사단 럭션에 무상으로 기부했다. 이렇게 해서 오프라인상의 변호사 모임인 공유변호사단 럭션은 지금 현재 공유변호사들의 의견을 수렴해서 회칙에 따라 공유 플랫폼 럭션을 운영하고 있다. 한자 표기는 共有辯護社團이다. 辯護士團이 아니라 辯護社團이라고 한 이유는 변호사뿐만 아니라 일반 국민들까지 포함하는 '우리' 모두가 함께 공유할 수 있는 법률서비스로서 럭션이라는 커다란 빛을 내기를 간절히 원했기 때문이다.

럭션 창립총회 당일 프레젠테이션 마지막 장면

럭션의 가입조건은 간단하다. 변호사법 제1조의 정신을 품은 변호사라면 누구나 가능하다. 현재 가입 문의는 성황을 이루고 있다. 시작한 지 얼마 되지 않아 지금은 서울에서 근무하는 공유변호사가 주축이지만 머지않아 전국적으로 활성화되는 그날을 준비하고 있다. 지금 현재 공유변호사들은 기존의 방식에 따르면 할 수 없었던 법률서비스를 제공하고 있다. 비용 문제 때문에 그전에 맡을 수 없었던 사건을 수임하고 있다. 그리고 서로의 지식을 공유하며 각 사건의 해결책을 찾아내는 정보의 루트가 되고 있으니 큰 도움이 된다. 그리고 비록 수입이 아직까지 많지는 않지만 서서히 늘어나고 있고, 앞으로 더 늘어날 것으로 예상한다. 무엇보다 최고의 성과로 여기는 것은 법률서비스 수요자들의 반응이다. 특히 저렴한 비용에 만족한다. 그리고 럭션을 통해 다양한 법률서비스의 신속한 협력적 공급체계에 대한 실시간 접속이 가능하기 때문에 즐거워한다. 그러한 만족 안에는 공유변호사의 희생과 노력이 있음을 알고 있기 때문에 다소 문제가 있어도 잘 이해해 주고 넘어간다. 그러면서 신뢰도 서서히 깊어지고 손님들을 소개시켜 주기도 하니 참 고마운 일이다.

현재까지의 성과는 이렇다. 럭션을 자랑하기 위한 것이 아니다. 공유변호사제도의 긍정적인 시뮬레이션 결과를 변호사들에게 공개하고 동참을 해 주기를 바라기 때문이다. 공유변호사제도는 많은 변호사들이 함께하지 않으면 불가능하다. 필자는 변호사가 민주주의와 법치주의를 수호하는 빛이 되길 바라고 있다. 다만 도마뱀 뇌에 속아 안락지대에서 머물면서 법률시장의 슬픈 돈키호테 변호사로 그 빛을 점점 잃어 가고 있었을 뿐이다. 필자 또한 법률시장의 슬픈 돈키호테였다. 이제는 더 이상 꺼져가는 불빛이고 싶지 않다. 럭션이 대한민국 법률시장의 레이더가 되어 끝없이 법률서비스의 사각지대를 밝히는 커다란 빛이 되어주기를 바랄 뿐이다. 어느 정도 시행착오는 거쳤지만 아직도 가야 할 길이 멀다. 필자 혼자서는 도저히 불가능한 일이다. 필자보다 더 훌륭하고 탁월한 식견이 있는 변호사께서 도와주신다면 우리는 해낼 수 있다고 믿는다. 럭션으로 모여 지금까지는 불가능했던 커다란 빛을 내자. 그리고 럭션에서 공유변호사로서의 자존감을 지켜가며 수익도 창출하자. 필자는 대한민국이 진정한 법치주의 국가로 나아갈 수 있도록 함께할 용기 있는 공유변호사를 만나기를 진심으로 기대한다.

Ⅲ

법률시장의
황금열쇠

럭션과 비즈원클럽이 결합된 '럭비'는 법률시장의 황금열쇠가 되어 대한민국을 진정한 법치주의 국가로 만들고, 해외에 이르기까지 법률시장을 무한히 확대해 나갈 것이다. 다만 그 황금열쇠를 손에 쥐기 전에 반드시 변호사법 제1조를 가슴에 새기지 않으면 가시 돋친 황금열쇠를 손에 쥐게 될 것이다.

기기와 요금의
혁신을 더하다

기존 법률시장의 수요자와 공급자의 대부분은 시간, 공간, 인간(인식)을 뜻하는 삼간의 제약하에서 고달픈 삶을 살고 있었다. 법률서비스의 사각지대를 만들 수밖에 없었던 삼간의 자물쇠를 열어야만 한다. 법률서비스 사각지대는 최소한 100만 건, 경제적으로는 최소한 1,000억 원 이상의 가치가 있음을 필자는 추측하고 있다. 그 사각지대의 자물쇠를 열 수 있는 법률시장의 황금열쇠는 무엇일까? 요즘 휴대폰 광고를 보면 '기기의 혁신에 요금의 혁신을 더하다'라는 문구가 있다. 눈치 빠른 독자라면 금방 알아차렸을 것이다. 필자는 지금까지 논의했던 회원제 법률자문서비스와 공유변호사제도를 결합하면 법률서비스 사각지대의 자물쇠를 활짝 열고, 지속 가능한 스마트 법률시장을 형성할 수 있을 것이라고 확신하고 있다. 즉, 법률시장에 럭션의 혁신을 더하고, 비즈원클럽이 가진 요금의 혁신을 더함으로써 법률시장의 황금열쇠를 만드는 것이다.

우선 변호사를 가두고 있는 삼간부터 살펴보자. 이미 살펴본 바와 같이 기존의 유통구조로는 변호사가 먼 이동 거리에 비해 상대적으로 낮은 수임료의 사건을 수임할 수가 없었다. 시간과 공간에 갇혀 있는 셈이다. 그리고 도마뱀 뇌에 속아 안락지대에 머물면서 그동안의 손해를 회복해 줄 소위 '한 건'을 기다리고 있다. 그래서 인터넷을 통해 자신을 광고도 해 보고, 사건 위주로 전문성을 쌓으면서 '한 건'을 준비하지만 알아주는 사람은 별로 없고 비용만 늘어간다. 즉, 보고 싶은 것만 보려 하는 인간의 속성상 자신의 '인식' 안에 스스로 갇혀 있었던 것이다.

그리고 법률서비스 수요자를 살펴보자. 돈이 있으면 다행이지만 그렇지 않으면 변호사가 수임해 주지 않으니 답이 없다. 수요자 입장에서도 이해는 가지만 왠지 서운하다. 자신의 사건은 변호사가 다른 지역으로 먼 곳까지 출장을 요하는 일이니 잔돈 몇 푼에 부탁을 하기에는 민망하지만, 서운한 것은 어쩔 수 없는 사실이기 때문이다. 그래서 수요자는 해당 지역까지 가서 변호사를 구해 보지만 이미 삼간에 갇혀 있는 변호사의 인식으로 인해 저가의 수임료를 지불할 수밖에 없는 구조를 가진 자신의 사건을 맡아 주지 않는다. 그래서 수요자는 변호사를 찾느라 시간만 허비하고 그동안 손해는 늘어난다. 그래서 어떻게든 자신의 사건을 해결해 줄 전문 변호사를 찾고 싶어서 사방팔방으로 노력해 본다. 그런데 광고 문구에는 전부가 전문 변호사고 하니 도무지 누구를 믿고 선택해야 할지 고민만 커진다. 이미 상대방은 돈이 있어서 명성이 있는 변호사를 선임했는데 자신은 사각지대에서 불안하기만 하다. 수요자 역시 사건을 전문으로 하는 변호사를 찾아야 이길 수 있고, 아니면 사회적으로 명성이 있는 대형 로펌이나 전관 출신 변호사를 찾아야만 한다는 '인식'에 갇혀 있는 셈이다.

이렇게 법률서비스의 수요자와 공급자는 삼간의 제약하에서 고통받고 있고, 법률서비스 사각지대는 더 넓어진다. 법률시장에서 브로커의 본질은 정보의 전달자다. 그래서 삼간에 갇혀 더 이상 변호사가 영향력을 발휘할 수 없는 시간과 공간 속에 있는 수요자의 정보를 전달하는 것이다. 그런데 그 수요자의 정보 가치가 변호사 수임료로 연결되어 브로커 자신도 이득을 취할 수 있는 양질의 정보가 아니면 공급자와 수요자를 연결하려고 하지 않는다. 그래서 브로커는 수요자들의 정보 중에서 양질의 정보만 연결하고, 자신의 노력 대가도 포함된 수임료를 책정해 주는 변호사들 중에서 가장 이익을 많이 가져다주는 변호사를 선택한다. 그러다 보니 변호사는 애타게 기다리고 있던 '한 건'이 오더라도 브로커에게 떼 주고 나면 별로 남는 게 없게 된다. 대부분의 법률서비스 유통구조가 이렇듯 법률서비스 수요자와 공급자의 삼간에 의해 제한된 방식으로 운영되어 왔고, 그 사이를 브로커가 움직이면서 이득을 취하는 구조이기 때문에 법률서비스 사각지대는 손을 쓸 방법이 없었던 것이다.

법률시장의 안전지대에 있는 고위급 전관 출신 변호사와 대형 로펌의 경우 삼간의 제약에서 상대적으로 자유롭다. 원래 돈이 많거나, 아니면 빚이라도 내서 큰돈을 구할 수 있는 사업자나 대기업이 주요 고객이기 때문이다. 그렇다 보니 시간과 공간의 제약으로 인해 변호사 비용이 많이 들어도 상대적으로 덜 힘들다. 그리고 고위급 전관 출신 변호사 및 대형 로펌과 그들의 주요 고객 사이의 인식에는 최고가 최고를 만난다는 그들만의 몽환적인 리그가 형성되어 있기 때문에 안락하기도 하다. 게다가 사람들의 인식 속에 대형 로펌은 무조건 이기다는 잘못된 기대로 인해 굳이 영업을 위해 광고를 할 필요도 없다. 알아서 찾아온다. 이렇게 법률시장의 안전지대는 이동해 버렸고, 그 안전지대와 법률서비스의 사각지대는 도무지 만날 일이 없다.

그래서 정부가 법률구조공단이나 다른 방법을 통해 사각지대를 줄이려고 노력해 보지만 그 자물쇠가 쉽게 열리지 않는다. 정부 역시 삼간에 갇혀 있기 때문에 국민의 세금으로 움직여야 하는 속성상 지출에 있어서 한계가 있기 때문이다. 이렇게 삼간에 가려진 법률서비스 사각지대를 밝히기 위해 뜻있는 소수의 변호사들이 인권단체를 구성하고, 사비를 털면서 뛰어 보지만 결국에는 삼간이 주는 제약을 뛰어넘지 못하고 경제적으로 고생을 하고 있다. 이렇게 법률서비스 사각지대를 만드는 유통구조는 시간과 공간 그리고 법률서비스의 수요자와 공급자의 '인식'에서 비롯되는 것이다. 이를 좀 다르게 표현하자면, 폐쇄적인 삼간의 틀 안에서 형성된 법률서비스의 유통구조는 수요자와 공급자의 니즈를 제대로 연결시켜 주지 못하고 있었던 것이다.

하지만 회원제 법률자문서비스와 공유변호사제도를 결합하면 기존의 기형적인 법률서비스 유통구조를 만들었던 삼간을 깨트릴 수 있다. 공유변호사제도는 이미 설명했듯이 법률서비스의 협력적 공급으로서 인터넷 등을 통해 시간과 공간의 장벽을 허물어 버린다. 한계비용을 제로에 가깝게 만들 수 있는 협력체계다. 그래서 회원제 법률자문서비스를 제공하는 전국의 파트로네스가 회원인 클리엔테스의 다양한 법률 수요를 저가로 해결할 수 있게 된다. 회원제 법률자문서비스이기 때문에 '우리 변호사'인 자신의 주치변호사가 소개시켜 주는 다른 공유변호사도 역시 믿을 만하다. 그리고 브로커를 통할 때보다 비용은 더 싸고, 서비스 처리 속도는 비교가 안 될 만큼 빠르다. 그리고 결정적으로 회원제 법률서비스는 공유변호사제도를 통해 기존의 유통구조에서 소외되었던 사각지대에 있는 저가의 사건 수임이나 법률자문까지 소화해 줄 수 있으니 절묘한 조합이 되는 셈이다. 비즈원클럽의 주치변호사가 공유변호사로 활동한다면 이러한 상승효과를 만들어 낸다.

여기서 필자가 지적했던 〈표 1. 제1심 민사본안사건 변호사 선임 건수〉 중 약 100만 건으로 설명하면 더 쉽게 이해된다. 그 100만 건을 소송의 당사자인 원고와 피고로 나누면 50만

개의 원·피고로 나눌 수 있고, 이를 가구로 보면 50만 개[1]의 가구가 원·피고로 얽혀 있는 법률분쟁이다. 만일, 필자가 말한 희극의 시나리오대로 비즈윈클럽과 럭션을 전국적으로 시행했다고 가정하자. 그렇다면 2013년도 기준 약 15,000명인 변호사 1명이 평균 33.33가구 이상씩만 가구별 주치변호사가 되고, 그래서 적극 공유변호사제도를 활용한다면 그 100만 건을 저가로 해결할 수 있게 된다. 지역이 멀어서 시간과 공간이 제약을 줄 때에는 다른 지역의 공유변호사를 찾는다. 그리고 동일 지역 내이지만 공유변호사 1인이 해결하기 힘든 시간의 제약이 있을 경우 동일 지역 내의 다른 공유변호사를 찾아서 해결하면 되는 것이다. 필자가 시행 중인 회원제 법률자문 서비스는 무료인 개인 및 기업회원, 저가의 개인 및 기업회원으로 나누어지고, 경우에 따라 무료 혹은 저가의 가족회원으로도 나누어진다. 전국의 변호사가 유료든 무료든 어떻게든 1인당 33.33가구 이상만 가족 회원으로 모집하여 모든 것을 후원하는 파트로네스로서 공유변호사제도를 적극 활용한다면, 1건당 십만 원만 잡아도 1,000억 원이라는 결과를 만들 수 있게 된다.

---

1. 물론 그 100만 건 안에는 가족 내의 분쟁도 있고, 다수 당사자가 참여하는 소송일 수도 있지만, 그 부분은 통계로 확인할 수 없으니 제외한 수치다.

　1심 민사본안사건만 최소한의 비용으로 계산한 것이 이 정도라는 얘기고, 회원제 법률자문서비스와 공유변호사제도가 결합하면서 새로 생겨날 법률시장의 니즈까지 고려하면 위 경제적 수치는 더 커진다. 한마디로 지속가능한 스마트 법률시장이 개설되는 것이다. 이쯤 되면 원자도 무겁다는 이유를, 그리고 회원의 모든 것을 후원하고, 저렴하면서도 최대한 신속한 서비스를 제공해야 한다는 비즈윈클럽의 3대 강령을 충분히 이해할 수 있을 것이다. 필자는 법률시장의 황금열쇠가 가진 이러한 파급력을 감안해서 비즈윈클럽과 럭션을 함께 운영하는 변호사들과 협의하여 가입비가 무료인 회원제 법률자문서비스로 전격 전환할지 여부를 조만간 결정할 예정이다.

　양자를 결합하게 되면 법률서비스의 사각지대가 사회의 병폐현상으로 남게 되는 것이 아니라 변호사와 수요자에겐 기회의 땅이요, 사람 냄새 나는 법치주의를 위한 소중한 자본으로 변하게 된다. 변호사는 일감이 늘어나고 사회적 존경을 받으면서 소신 있게 일할 수 있게 되며, 국민들은 각자의 일상에서 변호사를 믿고 법치주의를 함께 완성하는 소중한 인력이 된다는 것이다. 회원제 법률서비스와 공유변호사제도를 결합하면 법률시장의 황금열쇠가 될 것으로 확신하는 이유는 여기에 있다.

신뢰에
신뢰를 더하다

　회원제 법률자문서비스와 공유변호사제도가 결합된 법률시장의 황금열쇠는 기존의 유통구조에 비해 법률서비스 수요자 및 공급자에게 수많은 법률 니즈에 대한 접속의 기회를 극대화한다. 기존의 산업사회에서 중시된 '교환'이 아니라 초연결시대의 '접속'이 극대화되는 것이다. 회원제 법률자문서비스와 공유변호사제도의 필요충분조건이 신뢰라고 말한 필자의 의견을 독자들은 기억할 것이다. 회원과 변호사 간, 그리고 변호사들 간에 신뢰가 없으면 황금열쇠는 제대로 작동하지 못할 것이다. 클리엔테스 입장에서 그리고 공유변호사 입장에서, 다른 공유변호사가 필자가 말한 믿을 만한 '우리 변호사'가 아니라면 새로운 분열의 장이 되고 만다. 새로운 법률시장을 개설하는 것이 아니라 판도라의 상자를 여는 열쇠가 되어 법률 서비스의 사각지대에 또다시 유전무죄 무전유죄의 씨앗을 뿌리게 될 것이다. 그렇게 되면 우리 모두가 함께할 수 있는 공존은 물거품이 되고, 불행한 공멸의 길을 걷게 될 것이다.

그 신뢰의 출발점은 변호사법 제1조, 변호사의 사명이다. 필자는 기존의 법률서비스 유통구조가 삼간에 갇혀 있는 것이라고 지적한 바 있다. 시간과 공간은 회원제 법률자문서비스와 공유변호사제도를 통해 극복할 수 있다. 하지만 가장 중요한 관문은 '인식'이다. 그 인식은 공급자 및 수요자의 고정관념이 변하지 않으면 방법이 없다. 이를 위해 먼저 변해야 하는 쪽은 공급자, 즉 변호사부터다. 현재 사법계의 불신에 제대로 기여한 법조인부터 변해야 함은 물론이다. 그러한 불량한 법조인이 변하지 않으면 나 역시 변해야 할 이유가 없으며, 나는 사법계의 불신에 기여한 바 없으므로 그러한 불량한 법조인들이 먼저 변해서 깨끗이 정화된 법률시장을 나에게 안겨주어야 한다고 생각한다면 그것은 오산이다. 그러한 오산을 굳이 보복 심리라고 가정한다면, 보복의 개념을 잘못 이해하고 있는 것에 불과하다. 자신의 잘못을 받아들이지 않고 있는 적을 원망하고 이를 제거하려 드는 것은 보복이 아니다. 화풀이에 불과하다. 화풀이에 불과한 보복은 또 다른 보복을 부른다. 그리고 그 새로운 보복을 막기 위해서 비민주적인 힘에 의지하는 봉건적 갑을관계를 유지하려 들면 또 다른 분열을 잉태할 수밖에 없다. 저항은 저항을 낳을 뿐이다. 진정한 보복은 궁극적 개선에 있다. 그래서 진정한 보복은 궁극에 가서 상대방이나 자신을 적으로 여기지 못하도록 상대방과 나 자신을 모두 개선하는 것이다. 따라서 진정한 보복의 출발점은 자신 안에 있는 쓸데없고 하찮은 보복 심리를 버리는 일부터 시작해야 한다.

한편, 법률시장의 슬픈 돈키호테로서 살아온 것은 자신이 피해자일 뿐이지 사법계의 불신에 기여한 것은 아니라고 스스로 변명한다면 그 역시 도마뱀 뇌의 또 다른 속임수에 속고 있는 것이다. 결국 우리 모두가 변해야 한다. 그러기 위해서는 자신부터 스스로 변해야 한다. 필자 역시 법률시장의 돈키호테였었던 시간들에 대해 깊이 반성하고 있고, 그래서 변화하기 위해 항상 노력할 것이다.

필자가 말하는 법률시장의 황금열쇠, 즉 회원제 법률서비스와 공유변호사제도의 결합은 본질적으로는 신뢰와 신뢰의 만

남이다. 그 만남의 중심에는 변호사법 제1조를 가슴에 품은, 뜻있고 용기 있는 변호사가 있어야 함은 이미 충분히 설명하였다. 이것이 바로 변호사법 제1조가 말하는 일자리다. 공유변호사가 파트로네스의 강한 후원 정신이 없다면 클리엔테스는 사라진다. 그리고 공유변호사 사이에 신뢰가 없다면 불공평한 게임이다. 그 이유는 굳이 설명하지 않아도 알 것이다. 법률시장의 황금열쇠를 만드는 황금비율이 변호사법 제1조가 되는 것이고, 필자가 준비한 희극의 시나리오가 가지는 출발점이 변호사법 제1조였던 이유가 이제는 분명해졌을 것이라고 본다.

시뮬레이션
- '럭비'

    필자는 럭션과 비즈윈클럽을 결합해서 실제로 운영해 보았다. 럭션과 비즈윈클럽의 첫 글자를 따서 이른바 '럭비'를 해본 것이다. 실제로 럭비의 스코어는 긍정적이다. 저렴한 가격에 회원을 도와줄 수 있는 구조이기 때문에 회원도 만족한다. 럭션 회원인 공유변호사로터 협조 요청이 들어오면 비록 수임료는 낮지만 일거리가 생기면서 변호사의 전문성은 더 날카롭게 변하고 있다는 사실을 필자는 느끼고 있다. 무엇보다 신규 변호사 입장에서 대단히 만족하고 있다. 일은 힘들지만 그들은 살아있음을 느끼는 것 같다. 왜냐하면 일을 하기 때문이다. 그리고 저렴한 가격으로 누군가를 후원하며 동시에 존경을 받는다는 것은 돈과는 바꿀 수 없는 가치다. 신규 변호사는 럭션을 통해 선배 변호사의 법률지식과 경험으로부터 도움을 받으니 든든하고, 선배 변호사 역시 바쁠 때는 신규 변호사가 저렴한 수임료임에도 불구하고 도와주니 서로가 이렇게 고마울 수가 없다. 오히려 필자는 신규 변호사로부터 열정을 배우고, 때로는 필자가 생각지도 못한 기발한 아이디어로 도움을 받을 때도 있다. 모두가 모두를 돕는 셈이다.

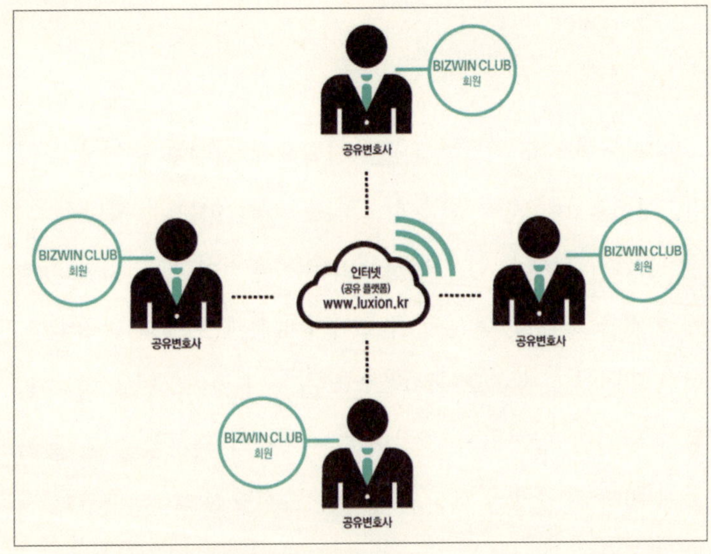

'럭비(럭션 & 비즈윈클럽)'의 개념도

비즈윈클럽을 운영하면서 주로 요청되는 법률서비스의 수요는 기존에 법률서비스 사각지대에 있던 사건과 자문들이다.

확실히 안전지대는 이동하고 사라졌다는 사실을 실감하게 만
든다. 그리고 무엇보다 법률관계에 있어서 골든타임의 중요성
을 회원들에게 각인시키고 있기 때문에 법률관계의 초기부터
회원들과 함께 조율하면서 상호 간의 신뢰는 쌓이고, 실제로
사건의 수임도 일어난다. 가령, 개인회생·파산의 경우 필자
가 그전에는 맡지 않았던 사건이다. 그 일을 처리하기 위해 평
상시 준비해야 하는 고정비용이 수익을 초과했기 때문이다.

그런데 럭션을 이용하면서 달라졌다. 공동 수임이 가능해지
고, 공동 수임을 한 럭션의 다른 공유변호사로부터 회생·파
산 사건의 노하우를 배운다. 그리고 비즈윈클럽을 모집할 때
온라인상의 전국적 로펌과 언제나 저렴한 비용으로 접속할 수
있는 기회를 제공하는 럭션을 설명하면 비즈윈클럽의 회원들
은 매우 흥미롭게 생각한다. 그래서 필자의 로펌에는 사건 사
무장이 없다. 공동 수임까지 이르지 못하더라도 복대리인을
구하는 것도 쉬워진다. 그전에는 친분관계에 있는 변호사만
복대리인으로 선임했지만, 럭션을 이용하면 복대리인을 선임
할 수 있는 기회가 확장된다. 연결을 통한 새로운 접속의 기회
가 늘어나는 것이다.

그러다 보니 고정비용도 줄어든다. 법률서비스 공급의 범위
를 넓히기 위해 굳이 사무실을 확장하고 직원을 늘리면서까지

무리를 할 필요가 없다. 필자는 럭션의 다른 공유변호사가 가지고 있는 잉여 공급가치를 럭션을 통해 공유하면 되기 때문이다. 그래서 실제로 한계수익률은 더 높다. 기존의 법률서비스 유통구조가 지닌 시공의 제약을 뛰어넘는 데 필요한 비용이 럭션으로 인해 줄어들었기 때문이다. 그리고 럭션을 이해한 비즈원클럽의 회원들은 자신의 문제뿐만 아니라 지인의 문제들도 소개한다. 회원의 지인들도 저렴한 럭션을 이용하면 도움이 될 것이라고 생각하기 때문에 클리엔테스는 서서히 늘어날 것이다.

필자는 럭비를 함께하고 싶다. 이 말을 하기 전에 먼저 럭비가 법률서비스 수요자 및 공급자 모두에게 도움이 된다는 것을 체감하고 나서 함께하고 싶다는 말을 해야겠다고 마음먹었다. 그래서 이제는 말할 수 있다. 함께하고 싶다. 럭비는 상호신뢰에 기초한 수요자와 공급자의 끝없는 정보의 연결과 접속을 전제로 한다. 그래서 비즈원클럽의 회원이 많을수록, 그리고 럭션을 이용하는 공유변호사가 늘어날수록 필자가 생각하지도 못한 접속의 유형과 고리가 생겨나면서 많은 일거리가 생길 것이다. 이는 법률서비스의 사각지대가 법률시장의 안전지대로 변하는 새로운 패러다임이다. 그래서 사람 냄새 나는 법치국가를 만들고 싶다. 도저히 불가능한 것일까? 도마뱀 뇌가 주는 망상과 불안한 경제사정으로 인해 우리는 불가능한 도전을 꿈꾸는 것일까?

법률시장의
확대

파트로네스인 공유변호사는 회원인 클리엔테스의 모든 것을 후원하고, 공유변호사들 사이에 모든 잉여 공급 가치를 공유한다. 물론 그 중심에는 변호사법 제1조에 바탕을 둔 회원제 법률자문서비스와 공유변호사제도가 있다. 회원제 법률자문서비스의 회원은 자신의 후원자인 공유변호사 1명을 통해 협력적 공급체계를 갖추고 있는 모든 공유변호사와 접속할 기회를 가진다. 다시 말해서 회원은 자신의 후원자인 공유변호사를 통해 변호사법 제1조로 무장한 공유변호사들이 모여 있는 온라인상의 전국구형 로펌에 접속할 기회를 가지게 되는 것이다. 회원은 자신의 후원자인 변호사가 비싼 비용을 받지도 않으면서 믿을 만한 다른 공유변호사와 함께 해당 업무를 분할해서 협업하고, 궁극적으로 자신의 이익을 위해 도움을 주고 있다. 행복한 일이다. 회원 입장에서는 자신의 파트로네스와 협업하는 다른 공유변호사도 믿을 만하다. 왜냐하면 자신의 파트로네스는 믿을 만한 '우리 변호사'이고, 협업하는 다른 공유변호사 역시 그 누군가의 모든 것을 후원하는 또 다른 '우리 변호사'이기 때문이다. 이쯤 되면 대한민국의 변호사는 믿을 만하다. 물론 그 와중에 불성실한 변호사도 있지만 금방 퇴출된다. 왜냐하면 초연결사회의 사용자경험시대에서 믿을 만한 파트로네스가 아니면 클리엔테스를 모을 수 없기 때문이다. 이것은 보이지 않는 손이 되어 법률시장을 정화한다.

럭비에 참가하는 회원과 공유변호사가 더 많아지면 법률시장에서 기존의 변호사로서는 불가능했던 일도 해결할 수 있다. 예를 들어 국내에 있는 외국인으로부터 상담이 들어오면 기존의 방식에 따를 때 혼자서는 해결이 불가능해서 돌려보낼 때가 많다. 하지만 공유변호사제도를 이용하면 외국어에 능통하거나 그와 유사한 사건을 경험한 다른 공유변호사와 함께 공동으로 수임하거나 공동으로 자문을 하면 된다. 변호사 보수가 저가이기 때문에 그 한 건만 보면 힘들겠지만, 이제는 아시다시피 원자도 무겁다. 더 넓게 보면 결코 가볍게 볼 일이 아니다.

  통계청에 따르면 2013년 재외동포는 7,012명, 해외이주는 8,718명, 2014년 외국인 근로자 수는 4,847명이다. 모으면 엄청난 숫자다. 이 숫자의 상당수가 비즈원클럽의 회원들이라고 치자. 그렇다면 변호사 개인이 이전에는 해결할 수 없었던 일이지만 다른 공유변호사에게 도움을 요청하면 된다. 공유변호사가 협업해 줄 것이다. 물론 저가지만 계속 누적되면 그 액수는 상당하다. 그리고 협업하면 일을 배울 수도 있으니 일석이조다. 그전에는 이와 같은 법률서비스를 일부의 전문변호사가 담당했지만 이제 럭비를 하면 누구나 가능해지는 것이다. 그리고 기존에 그 분야의 전문변호사 입장에서도 궁극에는 나쁠 것이 없다. 자신이 그 분야 전문가라면 다른 공유변호사들로부터 지속적인 협업 요청이 들어올 것이기 때문이다. 더 이상 브로커에 의존할 필요도 없다. 가령, 조선족의 경우 대부분 브로커가 가운데서 마진을 남기면서 일을 봐준다. 그래서 말도 많고 탈도 많다. 그리고 피해자인 조선족은 대한민국을 증오한다. 하지만 럭비를 하게 되면 저가에 조선족을 도와줄 수 있고, 소문이 나면 조선족들의 법률서비스 요청이 무섭게 쇄도할 수도 있는 일이다.

  이러한 법률시장에서의 공유경제는 대한민국의 이미지를

고양시킬 것이다. 그런 면에서 공유변호사는 애국자라 볼 수 있다. 자랑스럽게 생각해도 되는 부분이다.

만일 외국 산업과 외국 로펌의 자본이 본격적으로 대한민국의 법률시장에 침투하면 어떻게 될까? 대한민국은 자유무역협정에 따라 유럽국가들과는 2016년에, 미국과는 2017년에 법률시장 3단계 개방, 즉 외국 로펌과 국내 로펌 간의 합작 투자가 가능해진다. 그리고 법무부 자료에 따르면 2015년 3월 27일을 기준으로 국내에 설립인가를 받은 외국법자문법률사무소는 2012년 이후 19개에 이른다.

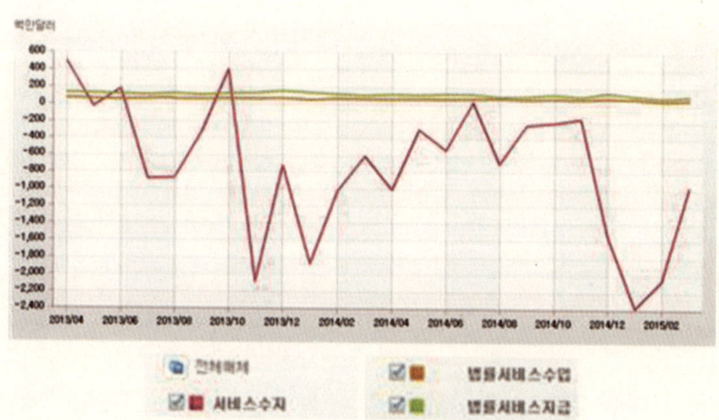

2013년 4월부터 2015년 2월까지 월별 법률서비스 지수[1]

---

1. 출처 : 한국은행 서비스무역 세분류 통계

위 뉴스 기사의 그래프에서 확인할 수 있듯이 글로벌 로펌들은 국내 법률시장에서 그 폭을 넓혀가고 있는 것이 현실이다. 그리고 한국 시장을 점령하기 위해 글로벌 로펌들은 연합체도 만들었다. 국내에 진출한 영미권 대형 로펌 18개사가 참여한 '외국법자문법률사무소협회'가 2014년 6월에 공식 출범한 것이다. 외국 로펌 영역은 M&A뿐 아니라 기업공개IPO · 해외채권 · 지식재산권IP 소송 등 자본시장 전 분야로 확대되는 추세다. 2017년 법률시장이 완전히 개방되면 외국 로펌들이 국내 소송 분야까지 장악할 것이란 염려도 고개를 든다.[2]

즉, 대형 영미권 로펌들은 국내 중소형 로펌을 대상으로 다양한 방법을 통해 M&A를 하려 할 것이고, 그렇게 국내 변호사를 고용 · 흡수한 외국 로펌은 대한민국의 법치주의를 수호하기보다는 수익 창출을 위한 과감한 행위를 시도하려고 할 것이다. 대한민국의 법치주의에 대한 중대한 위협이 아닐 수 없다. 최근 체결된 한 · 중 FTA가 국회의 비준을 거쳐 본격적으로 발효되면 중국 자본을 등에 업은 중국 변호사들이 국내 법률시장에 대거 상륙하는 날도 머지않았다. 개업변호사 2만 명 시대를 앞두고 아무런 준비를 하지 않는다면 대한민국 법

---

2. 2014. 07. 17. MK(http://news.mk.co.kr/newsRead.php?year=2014&no=1003212)

치주의는 한낱 먹잇감에 불과하다.

　하지만 국내 법률시장에 럭션이라는 혁신적 유통구조가 확립된 상태라면 외국의 자본력이 국내 법률시장에 새로운 유통구조를 만들기가 어려워진다. 법률서비스는 법률 수요라는 정보가 일정한 유통구조를 이동하면서 공급자를 만나게 되는 것이다. 그 정보의 이동경로에 해당하는 유통구조에 국내 변호사들이 럭션이라는 협력적 공급체계를 형성하여 저가의 서비스를 제공한다면 외국 로펌의 자본력에 대한 방어체제를 구축할 수 있다고 본다. 럭션으로 인해 이미 법률서비스의 가격이 낮아져 있기 때문에 외국 로펌들이 국내 변호사를 고용해서 고비용을 지출해야 하는 위험을 선택하기보다는 럭션의 공유변호사와 협업하기를 선호할 것이기 때문이다. 외국 로펌도 교환이 아닌 저가의 접속을 선호할 것은 분명하다.

　물론 외국 로펌에서 사업의 규모와 고객의 요청으로 인해 국내 대형 로펌과 반드시 협업해야 하는 경우라면 어쩔 수 없지만 그렇지 않은 경우라면 럭션으로 인해 이미 법률서비스의 가격이 내려간 상황에서 굳이 비싼 돈 들여가며 대형 로펌과 협업하거나 국내 중·소형 로펌을 흡수하기보다는 럭션의 공유변호사와 협업하려고 할 것이다. 무엇보다 공유변호사의 이미지가 변호사법 제1조로 각인되어 있고 외국 로펌에서도 믿을 만할 것이므로 외국 로펌 입장에서 나쁠 것이 없다. 기존에는 상상조차 할 수 없는 일이다. 대한민국의 법률시장이 외국의 자본력에 흡수되는 것은 현재 대형 로펌의 독과점 체제보다 더 무서운 결과를 초래할 수 있다는 점에서 외국의 자본력에 흔들리지 않는 강한 법률시장의 유통구조를 미리 확립해야 할 필요가 있다. 이런 측면에서 럭션의 공유변호사는 대한민국의 법치주의를 수호하는 애국자라 할 수 있다.

한편, 산업통상자원부에서 발표한 「한·중 FTA 관련 주요 업종별 설명자료」에 의하면 법률서비스의 경우 중국에 설립된 우리나라 로펌의 대표사무소가 상하이 자유무역지구에서 중국 로펌과 공동 사업 진행을 통하여 중국 전역의 고객을 대상으로 영업활동을 할 수 있게 되었다. 만일 럭션의 공유변호사 1명이 중국의 상하이에 대표사무소를 설립했다고 가정하자. 럭션에 가입해서 국내에 사무소를 둔 중국 관련 전문 변호사들은 평소에는 자신의 업무를 처리하다가 중국에 거주하는 공유변호사로부터 협업 요청이 있는 경우 그 수요를 저렴한 협력으로 지원해 줄 수 있다. 중국으로 모두 이동할 필요가 없으니 투자비용이 저렴하다. 이렇게 위험부담을 줄이면서 중국에서도 한국의 일을, 한국에서도 중국의 일을 처리할 수 있게 되는 국제적 공유관계를 창조할 수도 있다.

럭비의 활성화로 인한 법률시장의 확대는 여기에 그치지 않는다. 대한민국은 반드시 통일될 것이다. 통일되기 이전에 지금처럼 기존의 법률시장의 체제를 유지하게 되면 결국 법률시장의 골리앗과 관련 전문가 몇몇이 다시 통일된 한반도의 법률시장을 독점하게 되고, 법률서비스의 사각지대는 한반도로 확장될 확률이 높다. 하지만 럭비를 활성화시켜 국민의 신뢰를 쌓고, 저렴한 비용으로 신속하게 법률서비스를 제공하는 연습이 잘 되어 있으면 사정이 달라진다.

가령, 이북 지역으로 진출하는 사업가는 자신의 든든한 파트로네스인 공유변호사로부터 협력적 공급체계하의 법률서비스를 저렴하게 제공받을 수 있다. 물론 이북 주민도 회원이 되어 저렴한 비용으로 법률서비스를 지원받을 수 있게 된다. 제주도에 거주하는 회원이 함경북도를 관할하는 지방법원에 사건이 계류 중이라고 상상해 보자. 설명하지 않아도 필자가 말하고 싶은 것을 알 수 있을 것이다. 통일도 중요하지만 통일된 하나의 땅이 갖추어야 할 법치국가의 수준을 고려하지 않을 수 없다. 지금 현재 법률시장의 비극을 통일된 땅이 품도록 놓아둘 수 있겠는가?

　법률시장의 황금열쇠는 더 많은 기회를 준다. 대한민국의 변호사들이 황금비율인 변호사법 제1조로 회원제 법률자문서비스와 공유변호사제도의 결합을 성공적으로 구조화할 수만 있다면, 외국에서 대한민국의 럭션을 수입할 수도 있다. 초연결시대라는 점을 감안하면 무조건 부정하기엔 이르다. 가령 중국의 법률시장에서 럭션을 도입했다고 가정해보자. 중국의 럭션과 대한민국의 럭션이 연결되면 대한민국의 럭션에 가입한 공유변호사는 럭션 상호 간의 연결을 통해 상상도 못한 일을 해낼 수 있다. 14억 중국인을 상대로 일을 할 수 있다는 것은 상상만 해도 즐거운 일이다. 만일 그렇게 된다면 공유변호사제도는 글로벌화되고 세계 곳곳에 발생하는 법률 수요도 접속할 기회가 열린다. 마치 로마인의 속주민이 로마인의 자긍심을 따라 하기 위해 애썼던 것처럼. 이 얼마나 자랑스러운 일인가. 불가능한 일을 상상하는 헛소리라고 해도 좋다. 100년 뒤는 어떻게 될까? 과연 그런 일이 벌어지지 않는다고 장담할 수 있을까? 그렇다면 현재 15,000명의 변호사 모두 힘을 모아 공유변호사가 되고, 공유변호사제도를 글로벌 로펌으로 성장시켜 버리자. 불가능한 작은 꿈은 그것을 품고도 남을 더 큰

꿈으로 극복하자. 아무도 모를 일이다.

　필자가 다른 변호사들과 함께 비즈원클럽과 럭션을 시뮬레이션하면서 알게 된 중요한 사실이 하나가 있다. 그것은 바로 공유변호사의 노력을 알아주고 믿어준다는 사실이다. 아주 중요한 부분이다. 물론 더 바뀌어야 하는 부분도 많고, 앞으로 필자가 예상하지 못한 난관도 많을 것이다. 하지만 결국엔 해결될 것이다. 앞으로 함께할 변호사들이 있을 것이라고 믿기 때문이다. 가상의 시나리오긴 하지만 럭비가 법률시장의 황금열쇠가 될지, 아니면 필자가 또다시 돈키호테의 과대망상에 빠져 있었던 것인지는 아무도 모른다. 적어도 럭비의 시뮬레이션 결과는 긍정적이다. 그렇다면 필자는 굳이 망설일 이유가 없다고 본다. 대한민국의 변호사들이 변호사법 제1조를 기준으로 뭉친다면 법률시장의 황금열쇠를 만들 수 있다. 다시 한번 강조하지만 그 황금열쇠를 손에 쥐기 전에 반드시 변호사법 제1조를 가슴에 새겨야 한다. 그렇지 않으면 가시 돋친 황금열쇠를 손에 쥐게 될 것이다.

도하는
시작되었다

변호사, 우리는 누구인가? 내 이웃과 대한민국을 사랑하는 법치주
의의 파수꾼으로서 변호사의 숨겨진 빛을 드러내야만 하는 그날이
다가왔다. 용기를 내고, 변화를 이루고, 유산을 창조하자. 도하는
시작되었다.

　기존의 법률시장은 변호사 자격증을 취득하기만 하면 괜찮은 성과를 보장해 주었다. 하지만 그러한 체제의 단점은 경제적 이기심을 합리화하는 자본주의와 결합하여 법률시장의 골리앗을 낳았고, 도마뱀 뇌에 속아 이제는 망상이 되어 버린 법률시장의 안락지대에서 벗어나지 못하는 슬픈 돈키호테를 만들어 버렸다. 그 결과 법률서비스의 사각지대는 더 넓어졌고, 변호사는 자신이 살고 있는 공동체에 너무 많은 피해를 주고 있는 공공의 적으로 서서히 변해 가고 있다.

　필자 역시 한때 공공의 적으로서 안락지대에서 벗어나는 것을 얼마나 주저했는지 모른다. 그래서 그것이 얼마나 어려운지도 잘 알고 있다. 필자는 사건 수임을 할 수 있는 성공의 조짐이 보이기만 해도 흥분해서 날뛰었다. 하지만 수없이 실패했고, 이러다가 망할지도 모른다는 압박감으로 비즈니스 상황은 늘 혹독했다. 필자는 그럴수록 긍정적인 영업 신호가 조금이라도 있으면 어떻게든 놓치고 싶지 않았다. 만일, 이토록 비즈니스 상황이 냉혹할지 알았다면 20년 전 법과대학에 입학할 무렵 필자는 스스로에게 무엇이라고 했을까?

하지만 필자는 과거의 어떤 부분도 바꾸고 싶지 않다. 항상 따라다녔던 사업적인 어려움조차 지우고 싶지 않다. 과거의 모든 것이 지금의 현재를 만들었으며, 비록 힘들었지만 보다 더 긍정적인 현재가 있었을 수도 있겠다는 생각이 들지 않을 정도로 만족하고 있기 때문이다. 다만 좀 더 빨리 알았더라면 하는 것은 하나 있다. 힘든 고통의 순간은 여정의 일부일 뿐이고, 그 고통으로 인해 그 순간 자신이 살아 있음을 느낄 수 있으며, 결국엔 어떤 일이든지 어떻게든 모두 해결된다는 사실이다.

물론 만사형통은 아니었다. 하지만 지금 되돌아보면 그러한 과정을 즐길 수도 있었는데 결과에 집착한 게임을 너무 많이 했고, 그로 인해 살아 있는 순간을 제대로 즐기지 못하고 스트레스를 많이 받았던 것이 아쉽다는 것이다. 하지만 그렇게까지 힘든 것은 아니었다고 이제는 웃으며 말할 수 있다. 태산이 높다 한들 하늘보다는 낮다. 성공은 결과에서 이기는 것이 아니라 과정에서 더 많은 일을 할 수 있는 특권을 가지는 것이다. 비즈윈클럽과 럭션을 시도하면서 저가의 수임료에 본전 생각이 든 적도 있었지만, 불평하기보다는 판례를 뒤지고 사건의 쟁점을 파악하는 데 주력하였고, 흔들릴 때마다 도마뱀 뇌와 싸우면서 변호사법 제1조를 가슴에 새기려는 습관을 가지기 위해 노력했다. 지금 생각해 보면 이런 것들은 변호사만이 가질 수 있는 특권이라고 생각한다.

　필자도 변호사 배출이 너무 심각하다는 생각에 동화된 적이 있었다. 필자만의 모습이 아니라 이 책을 읽는 변호사 중에 공감하는 분들이 많이 계실 것이다. 숫자를 줄여야 하는 것 아니냐고 동료 변호사들과 술을 마시며 불평도 해 보았고, 세상을 원망도 해 보았다. 하지만 아무도 선택해 주지 않는다는 냉혹한 현실만이 필자에게 남아 있었다. 그래서 스스로 선택하기로 했다. 이제는 최저를 향한 경쟁을 거부하기로 한 것이다. 그래서 변화를 시도했다. 동일성은 다양성보다 더 쉽고, 안전하며, 저렴한 편이다. 그래서 새로운 변화를 시도한다는 것은 어려운 일이었다. 하지만 그 변화의 기회를 가로막는 것은 도마뱀 뇌에 머물며 변화하지 않으려는 자신뿐이라고 생각한다. 어찌 보면 법률시장의 한파나 연간 배출되는 변호사 숫자가 변호사인 필자를 꼼짝 못하게 한 것이 아니라 좀처럼 변화하려고 들지 않았던 필자 자신이 가장 큰 걸림돌이었던 것 같다.

　그렇다고 해서 변화에 대한 두려움이 주는 저항과 싸울 필요는 없다고 본다. 두려움은 변화와 도전을 하는 자에게는 그림자처럼 따라다니는 배우자다. 그런데 그 배우자와 이혼할 수 없는 방식으로 인간의 뇌는 설계되어 있으니 그냥 받아들일 수밖에 없다. 인간은 변화와 도전을 앞두고 보이는 위험에 대해서는 두려움으로 민감하게 반응한다. 하지만 안타깝게도 정작 아무런 시도도 하지 않을 때 발생하는 위험에 대해서는 두려움을 잘 느끼지 못한다. 그 이유는 안전지대가 아님에도 불구하고 자신은 안락지대에 있다고 착각하기 때문이다. 보고 싶은 것만 보려는 인간의 특성이 두려움에서조차 그 모습을 드러내는 것이다. 그래서 용기가 필요하다. 그런데 용기란 저절로 나오지 않는다. 용기 또한 용기를 내면서 스스로 용기 내는 법을 배운다. 일단 실행함으로써 용기는 더 커진다. 이렇듯 용기 내는 법은 의외로 간단하다. 한 걸음을 내딛는 작은 용기로 더 큰 걸음을 걷게 되는 용기를 낼 수 있는 것이다. 실패할 수도 있다는 사실이야말로 우리가 새로운 도전을 멈출 수 없는 이유다. 『이카루스 이야기』에서 세스 고딘이 말하는 이와 같은 용기 있는 도전정신이야말로 작금의 변호사에게 꼭 필요한 조언이 아닌가 한다. 텅 빈 공간에 뛰어드는 것, 이것이 호연지기다.

필자는 변호사들에게 법률서비스 사각지대에 있는 약자를 도와야 한다며 동정심 어린 호소를 하고 있는 것이 아니다. 그런 차원에서 변호사들에게 희생을 바라며 회원제 법률자문서비스와 공유변호사제도의 결합에 동참해 주기를 부탁하는 것도 아니다. 그리고 회원제 법률자문서비스와 공유변호사제도를 결합하고 법률 등의 규범으로 제도화시키기 위해 필요한 입법행위를 하자는 것도 아니다. 변호사로서 그리고 인간으로서 가지는 이성의 공적 사용에 대한 자유의지를 발판 삼아 용기 있게 우리 스스로 법률시장을 변화시키자는 것이다. 즉, 법률서비스의 수요자 및 공급자 모두의 '의식'을 변화시킴으로써 새로운 시장을 만드는 것이다. 그래서 이를 통해 우리 스스로 새로운 일자리를 창출하고, 그 일자리에서 생계를 유지함과 동시에 법률가로서의 소신을 가지고 법치주의 완성에 기여하자는 것이다. 회원제 법률자문서비스와 공유변호사제도는 참여자가 많을수록 공유하는 정보가 많아지면서 더 많은 공유가치를 생성하게 된다. 따라서 함께 뭉쳐야만 가능한 일이다. 회원제 법률자문서비스와 공유변호사제도의 법률서비스가 기존의 서비스보다 저렴하지만 결코 비지떡이 아니라는 것을 보여 주면서 소비자의 인식을 변화시켜야 한다.

우리가 해야만 하는 일이다. 우리가 변해야만 가능한 일이다.

Change is Chance!!

변화가 곧 기회를 만든다. 우리는 가지 못할 곳이 없다. 저가인 회원제 법률자문서비스와 공유변호사제도에는 이기심이 없기 때문이다. 뺏으려 드는 것이 아니라 존엄한 클리엔테스를 후원하는 시스템이니 두려워 할 것도 없다.

아무리 노력해도 방법이 없다면 무대를 옮겨야만 한다. 실력을 발휘할 수 있는 새로운 무대를 찾아야 한다. 새로운 무대를 만들어 달라고 계속 울부짖는다고 해서 달라질 것이 없다. 고작 해봐야 입법권자는 연간 배출되는 변호사 숫자 놀음밖에 더 하겠는가? 대수의 법칙에서 볼 때 기존의 방식으로는 더 이상 기대할 것이 없다는 얘기다. 그렇다면 안전지대에 들어가지 못하고 있는 수많은 변호사들이 뭉쳐서 같이 해결할 수 있는 방안을 모색하는 것만이 유일한 해결책이라고 생각한다. 정답일지는 모르겠지만 그 방법으로서 회원제 법률자문서비스와 공유변호사제도를 결합해 보자는 것이다. 이 두 가지를 결합해서 시너지 효과를 만들기 위해서는 많은 변호사들의 협력이 필요하다. 그렇다면 지금처럼 변호사들이 쏟아져 나오는 것은 위기가 아니라 곧 기회가 된다. 공유할 수 있는 공급자의 잉여 공급 가치가 더 많아지는 것이니 오히려 다행인 셈이다. 위기를 기회로 바꾸자. 많은 숫자의 변호사들이 결합함으로써 더 많은 공유 가치를 생성하고 새롭게 지속 가능하고 스마트한 법률시장을 만들자. 시간이 지나면 전국에는 공유변호사들이 일정한 지점에 모여 있는, 소위 법률서비스의 대형 할인마트가 생겨날 것이다. 대형 로펌이 가진 자를 위한 백화점이라면, 회원제 법률자문서비스와 공유변호사제도가 결합된 지역적 집합체는 평범한 우리의 이웃들이 법률서비스를 구매하기 위해 줄을 늘어선 대형 할인마트가 되는 것이다. 우리 모두가 함께 뜻을 합친다면, 21세기 대한민국에는 평범한 우리 이웃들인 클리엔테스와 주치변호사인 파트로네스로 가득할 것이다. 필자의 추측이긴 하지만 제대로만 하면 2년 안에 완성할 수도 있다.

필자가 앞서 초연결사회에서의 희극의 시나리오를 썼다. 필자는 예고된 법률시장의 종말을 선제적으로 예방함과 동시에 변호사와 시민이 함께, 즉 우리 모두가 함께할 수 있는 구조를 고민하였고, 그래서 비즈윈클럽과 럭션으로 비록 작은 규모이긴 하지만 시뮬레이션까지 해 보았다. 필자는 법률시장의 슬픈 돈키호테로 도마뱀 뇌에 속아 안락지대에서 벗어나지 못한 적도 있었다. 하지만 이제는 다르다. 저 강을 건너기 위해 부족하지만 나름대로 준비도 하였다. 현재의 법률시장을 위기라고만 생각하지 말자. 반대로 지금 우리 앞에는 기회의 강이 흐르고 있다고 믿자. 그런데 그 강을 건널 수 있는 시간이 얼마나 남아 있는지는 아무도 모른다. 그 강 너머의 삶이 이곳보다 좋을지는 장담할 수 없다. 하지만 안락지대에서 끊임없이 기다리며 백 퍼센트 확실한 기회가 올 때까지 강을 바라보기만 한다면 시간 낭비에 불과하다. 게다가 더 두려운 소식은 어떻게든 지금 이때 강을 건너지 않으면 언제 다시 건널 수 있을지 알고 있는 사람도 없다는 사실이다.

도강을 위한 배가 럭션이라면, 그 배에서 필자와 함께 노를 저어갈 용기 있는 변호사를 만나고 싶다. 그리고 그 배에 승선하는 분들이 바로 비즈윈클럽의 회원, 즉 우리 변호사들이 모든 것을 후원해야 할 클리엔테스다. 우리 변호사가 힘차게 노를 저을 수 있도록 비록 많은 돈은 아니지만 십시일반 정성껏 모아서 노잡이인 파트로네스를 도와줄 것이다. 그리고 럭션이라는 배의 돛은 변호사법 제1조다. 변호사의 사명을 가슴에 새긴 자만이 럭션의 노잡이가 될 수 있다. 도강이 끝나면 비록 힘은 들었지만 새로운 법률시장이 펼쳐질 것이고, 우리는 그곳에서 완전한 법치주의를 완성함에 있어 기여한 변호사로 기록될 것이다.

'변호사, 우리는 누구인가?'

이제 이 질문에 대답하자.

먼저 필자부터 말한다.

'나는 공공의 적이었다. 하지만 지금 이 순간부터는 내 이웃과 대한민국을 사랑하는 법치주의의 파수꾼이다.'

독자인 변호사여, 당신의 대답은 무엇인가요?

이제 변호사의 숨겨진 빛을 드러내야만 하는 그날이 다가왔다.

용기를 내고,

변화를 이루고

유산을 창조하자.

도하는 시작되었다.

나가는 말

법률서비스의 사각지대 저 끝까지 닿을 수 있는 커다란 빛을 모으고, 사람 냄새 나는 진정한 법치국가를 만들어야 한다. 우리는 반드시 해내야만 한다. 그리고 우리는 기필코 해낼 것이다.

이 책의 내용을 못마땅해 하시는 법조인이 있을 수 있다. 사실 필자인 본인도 이 책의 내용에 불만이 많다. 겨우 10년 법조경력에 불과한 필자가 과연 이런 내용을 말할 자격이 있는지 스스로 의심하고 있는 것도 사실이다. 하지만 용기를 내기로 했다. 용기란 죽음에 맞서는 도전만을 의미하는 것이 아니고, 또한 사람들의 칭찬을 웬만큼 받을 수 있는 모험에 도전하는 것만을 뜻하는 것도 아니라고 생각한다. 용기란 자신이 소중하게 생각하는 바를 말로 표현하고, 이를 실천하는 의지라고 생각한다. 그러니 언짢아도 가급적 이해해 주시기를 진심으로 바란다.

필자는 『남북의 황금비율을 찾아서』라는 통일경제학 책을 출판하고 나서 바로 이 책을 집필하였는데, 위 책에서 필자가 마지막에 쓴 글을 인용하는 것이 좋을 듯하여 이 책의 나가는 말을 대신한다.

대한민국의 창조경제는 무엇을 향해 가야 하는가?

개인의 부유함을 전체의 부유함으로 본다면 자본주의는 더욱 빛나는 보석이 된다. 그러나 개인의 가난함은 물론이요, 부유함조차도 전체의 것으로 보지 않고 사유화 논리의 한계로 통치하려 함이 모순을 유발한다. 나라 전체가 부유함에도 불구하고 개인이 가난하다고 아우성친다면 어찌 그 나라가 자본주의에 성공했다고 보겠는가? 상향성 경제체제라고 보는 자본주의가 상향성 의지를 말살시키는 독점적 체제를 조화시키면서도 과연 가난함을 해소해나갈 수 있는가? 가난한 사람이 부유해지려면 상향 노력에 부응하는 상승 기회를 주어야 한다. 어쩌면 창조경제라고 하는 개념은 여기서 출발했어야 한다. 그러나 아쉽게도 창조경제의 개념이 기회 균등이나 상향성 노력에 보탬이 되기보다는 새로운 투쟁의 장을 만들고 있다면 자본주의에 대항하는 세력에게 또 다른 투쟁 개념을 심어주는 이외에 더 이상의 가치가 없다고 본다. 작금의 땅콩회항 사건이 좋은 사례이다.

창조경제를 가로막는 요소로서 '갑을 갈등', '비정규직', '금융 독점' 등이 있으나, 이런 요소는 겉으로 드러난 것일 뿐이다. 속으로 잠식해 가는 경제의 창조성 상실에는 엄청난 한 가지 요소가 우리들이 알게 모르게 큰 장애 요인으로 작용하고 있다. 그것이 무엇인가 하면 '봉건주의'다. 봉건성은 이 나라의 발전을 가로막는 퇴폐요소로서 창조성을 떨어뜨린다. 세습이나 권력 종속성 이전에 봉건성은 창조적 생산성과 창조적 의식을 막아버리는 힘으로 드러난다. 중세 장원제도에서나 볼 수 있는 지역성이라는 것도 역시 봉건성의 연장선상에서 판단해야 한다. 교육의 불공정성도 봉건성에서 비롯된다. 그리고 학교 폭력 역시 힘이 우선하는 비민주적 봉건성에서 유래한다. 갑오경장 이후 단 한 번도 '봉건주의'에 대한 제대로 된 비판이 없었으며, 민주화를 외치는 재야 세력들 역시 실제로는 개혁의 독점을 강요하는 '봉건주의'에서 벗어나지 못한다.

법률시장도 예외가 아닐 수 없다. 사시 출신과 로스쿨 출신으로 구별하며 비상식적인 갑을관계를 형성하고, 법률시장의 독과점 체제가 거대한 자본을 남용하는 것 역시 봉건성에서 벗어나지 못한 결과라고 본다. 자유와 평등을 부르짖으며 봉건성을 타파하기 위해 선봉에 서야 할 신성한 책무를 가진 법조인이 새로운 갑을관계를 형성하려고 든다면 대한민국의 진정한 민주주의와 법치주의는 멀어진다. 이 사회의 봉건성을 타파하고 갑오경장 이후 잃어버린 한민족의 120년을 찾는 것을 창조경제의 진정한 목표로 삼아야 한다.

사람 냄새 나는 진정한 법치국가.

그런 대한민국이 되길 바란다.

법률서비스 사각지대에서 고통받고 있는 많은 분들과 대한
민국의 모든 변호사님께 이 책을 바친다.

비즈윈클럽을 운영하는 공유변호사로서
법률시장의 새로운 역사를 창조할 의향이 있는 변호사님께서는
아래의 연락처로 문의해 주시기 바랍니다.

공유변호사단 럭션
홈페이지 : http://www.luxion.kr
전화 : 02-592-7675
팩스 : 02-592-0059

언제나 함께 빛을 내는 럭션이 되겠습니다!

진정한 법치국가의
실현을 염원하며

– 권선복(도서출판 행복에너지 대표이사,
대통령직속 지역발전위원회 문화복지 전문위원)

사법고시에 합격하면 가문의 영광이라고 할 정도로 모두의 선망을 받았던 시절이 있었습니다. 당시에는 사법시험 합격자가 지금보다 훨씬 적었기 때문에 판검사와 더불어 변호사는 사회적 지위와 경제적 여건 등에서 모든 것을 보장받았던 전문직이었습니다. 사실상 앞날이 탄탄대로였던 직업인 셈입니다. 그런데 국내외적으로 불어닥친 경제위기의 여파는 여지없이 법률시장에도 영향을 미쳤습니다. 이제는 수많은 변호사들이 생계를 걱정해야 하는 시기가 도래한 것입니다. 게다가 사법시험/로스쿨, 남성/여성, 전관/신규 등의 각종 조건을 따지며 차별하는 관습 또한 법률시장의 위기를 가속화시키고 있는 실정입니다.

　얼마 전, 통일에 대한 열망을 담아 『남북의 황금비율을 찾아서』를 출간한 법무법인 청호의 대표변호사인 남오연 저자가 이번에는 '법률시장의 황금열쇠'를 제시하기 위해 나섰습니다. 책『공공의 적』은 경제학적인 관점에 의거하여 법률시장의 수요와 공급 패러다임을 분석하고 법률서비스의 개선방안을 제시함으로써 법치주의 완성에 기여하고자 하는 저자의 열정이 반영된 전문서적입니다. 단순히 법조인들의 밥그릇 논쟁을 불러일으키는 것이 아니라, 한 명의 법률가로서 소신을 가지고 모두가 공존할 수 있는 방향을 논리정연하게 모색하고 있는 책입니다.

　변호사법 제1조에 의하면, 변호사는 기본적 인권을 옹호하고 사회정의를 실현해야 함을 사명으로 한다고 규정하고 있습니다. 의사에게 '히포크라테스 선서'가 영향력을 발휘하는 것처럼 변호사에게 있어 이 '변호사법 제1조'가 곧 사명과도 같은 것입니다. 변호사들이 이러한 사명에 입각하여 성실하게 직무를 수행한다면 사회질서가 유지되고 법률제도가 개선되어 진정한 법치국가를 실현할 수 있을 것입니다. 바로 이 책이 법치주의의 촉매제가 될 수 있기를 기대해보며, 모든 독자들의 삶에 긍정과 행복의 에너지가 팡팡팡 샘솟기를 기원드립니다.

1598년 11월 19일 - 노량, 지지 않는 별

장한성 지음 | 값 15,000원

현재 공인회계사이자 세무사로 활동 중인 장한성 저자의 두 번째 장편소설이다. 고증을 바탕으로 한 이 팩션Faction은 현재 우리 대한민국에서 살아가는 모든 이들에게 삶의 진정한 의미는 무엇인지, 이 혼란한 시대를 이겨낼 힘은 과연 무엇인지에 대해 이순신 장군의 삶을 그려내며 진지하게 묻고 있다.

생각과 말과 행동의 방정식

윤영일 지음 | 값 15,000원

『생각과 말과 행동의 방정식』은 행복으로 가는 길, 참된 이정표가 될 만한 깨우침을 가득 담은 책이다. 동서양의 고전과 선지자들의 일화에서 옥구슬같이 빛나는 혜안과 통찰을 뽑아내어 따뜻한 필치로 잔잔히 이야기를 풀어 나간다.

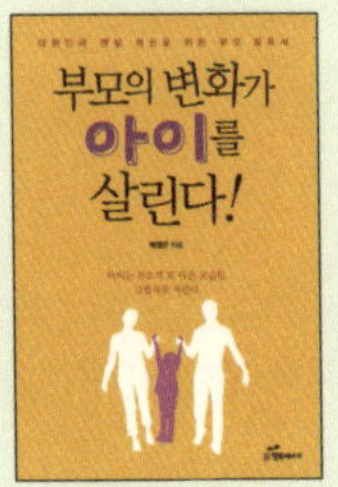

부모의 변화가 아이를 살린다

박영곤 지음 | 값 15,000원

책 『부모의 변화가 아이를 살린다!』는 늘 아이 걱정에 고민이 많은 부모들이 스스로 긍정적으로 변화해야 자녀의 삶 역시 행복에 한걸음 더 가까워질 수 있음을 깨닫게 하는 '멘탈 혁신 자녀교육서'이다. 또한 세부적인 멘탈코칭 Tip을 제시하여 부모들이 아이 교육에 바로 활용이 가능하도록 구성되어 있다.

사랑은 왜 낮은 곳에 있는가

이우근 지음 | 값 15,000원

책 『사랑은 왜 낮은 곳에 있는가』는 근래 대한민국의 부끄러운 현실을 엄정히 그려내면서도 미래에 대한 기대와 희망을 놓지 말아야 한다는 격려를 한꺼번에 담아낸 칼럼집이다. 우리 사회가 안고 있는 난제들을 어떠한 방식으로 풀어내야 하는가에 대해 때로는 차분하게, 때로는 속이 시원하게 전하고 있다.

통하는 말 통하는 글

김철휘 지음 | 값 15,000원

『통하는 말 통하는 글』은 '현직 연설비서관'의 풍부한 현장 경험과 연구를 통해 '말과 글'의 개념과 올바른 사용법 그리고 연설과 인터뷰의 기법까지 '공(식)적인 소통'을 위한 수준 높은 노하우를 담아낸 책이다. 누구나 교육과 훈련을 통해 충분히 우리 사회에서 인정받을 만한 말하기, 글쓰기 수준을 갖출 수 있음을 설득력 있게 전하고 있다.

위대한 경쟁

정태영 지음 | 값 15,000원

『위대한 경쟁』은 치열한 업무 현장에서 체득한 실용적 노하우들로 가득하다. 여타 자기계발서와는 달리 경쟁 상황에서 승리할 수 있는 역량과 스킬에 초점을 맞추며 경쟁자보다 비교우위의 위치에 우뚝 설 수 있는 방법을 명쾌하게 제시하고 있다. 이 위대한 경쟁에 뛰어들어 행복을 성취하는 첫걸음을 내딛어보자.

직원이 행복한 회사

가재산 지음 | 값 15,000원

『직원이 행복한 회사』는 '한국형 인사조직 연구회'에서 심도 있는 연구 끝에 선별한 '한국형韓國型 GWP' 현장 사례를 소개한다. 이 책에 소개된 기업들은 입사제도와 연봉과 복지, 경영과 기업문화 등에서 일반인들이 언뜻 생각하기 힘든 파격을 선보이며 사람 중심의 인본주의 경영을 몸소 실천하고 있다.

아빠와 딸

정광섭 지음 | 값 15,000원

사랑의 부재가 당연시되는 시대. 각종 불화와 광기가 맞닥뜨려 이 시대엔 아픔도 그 절망의 목소리를 내지 못한다. 저자는 자신의 실화를 담담히 이야기하며 이 불변하는 시대를 극복하고자 그 대안으로서 아버지의 사랑, 즉 사랑의 이름으로 가장 존귀한 부모의 사랑을 내놓은 것이다.